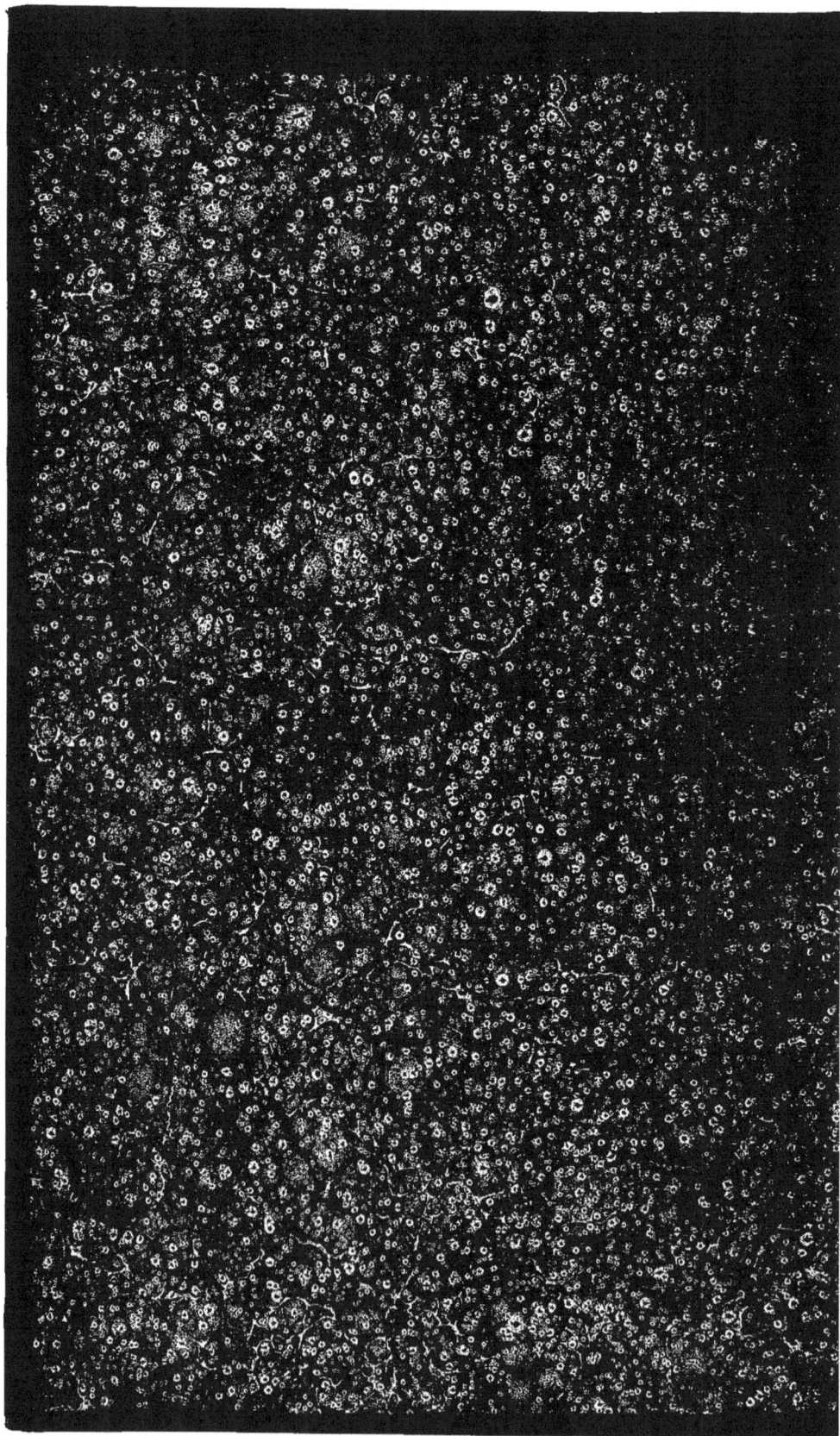

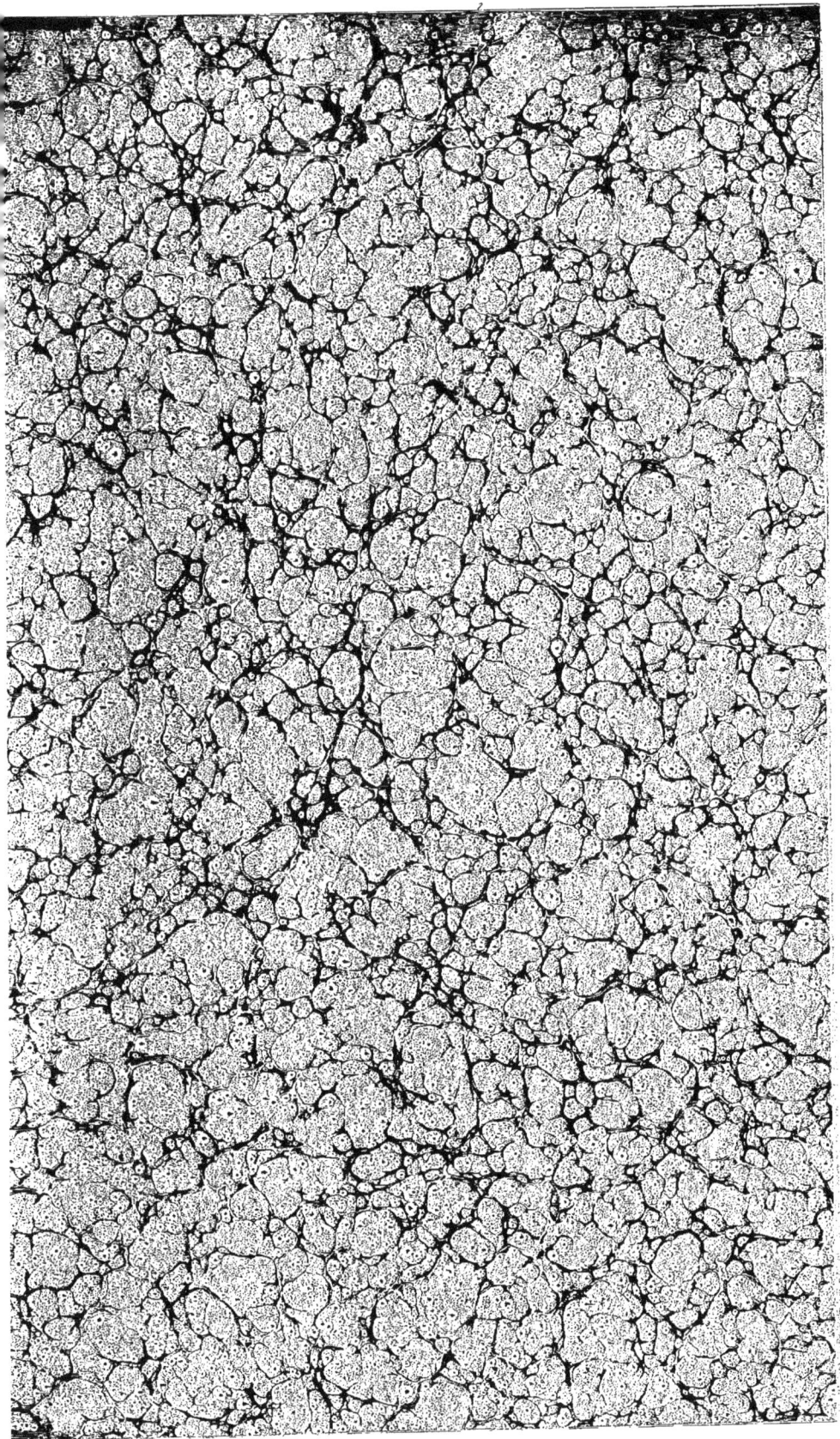

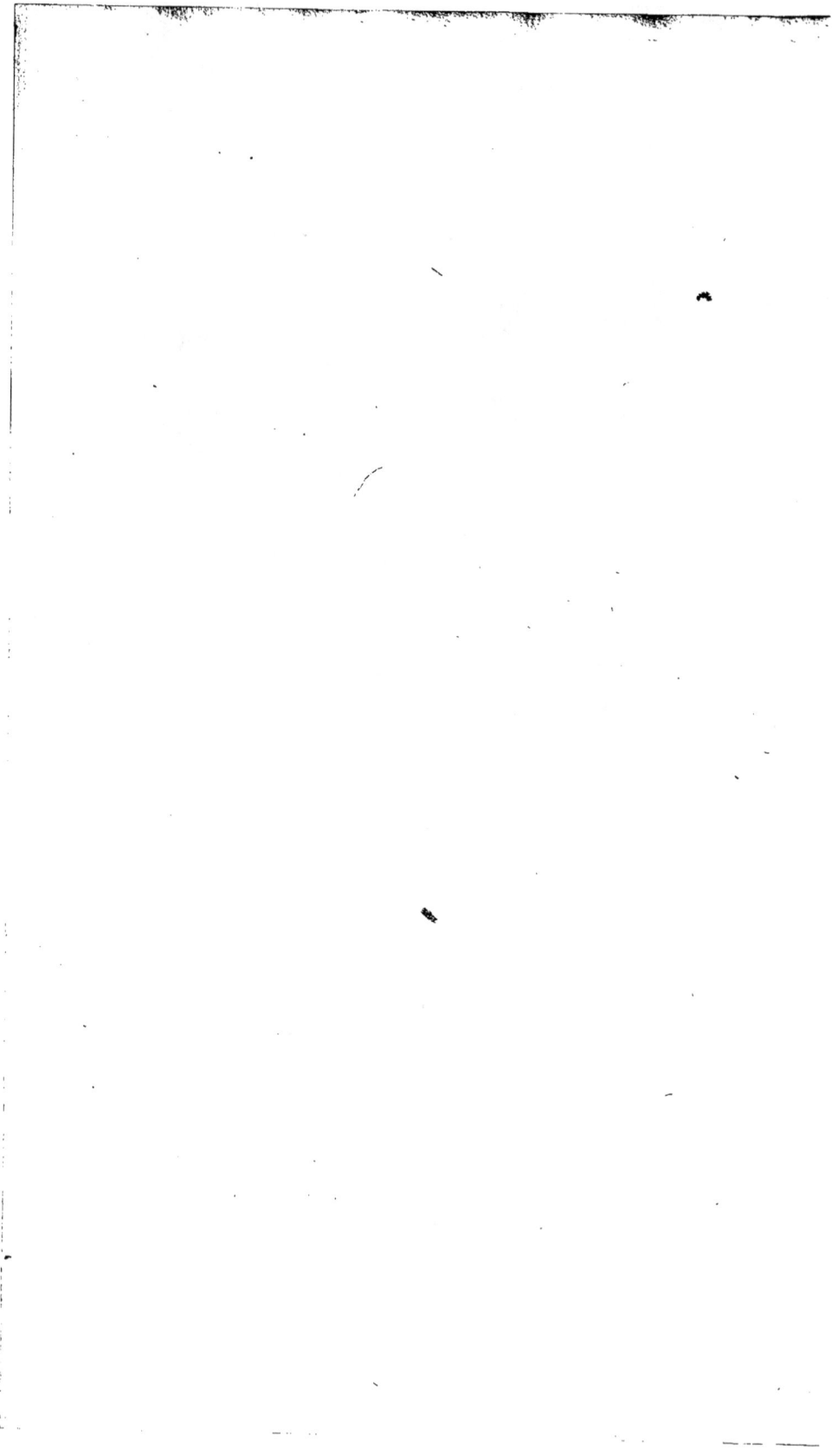

V

C.

LE

DOIGTER DU PIANO

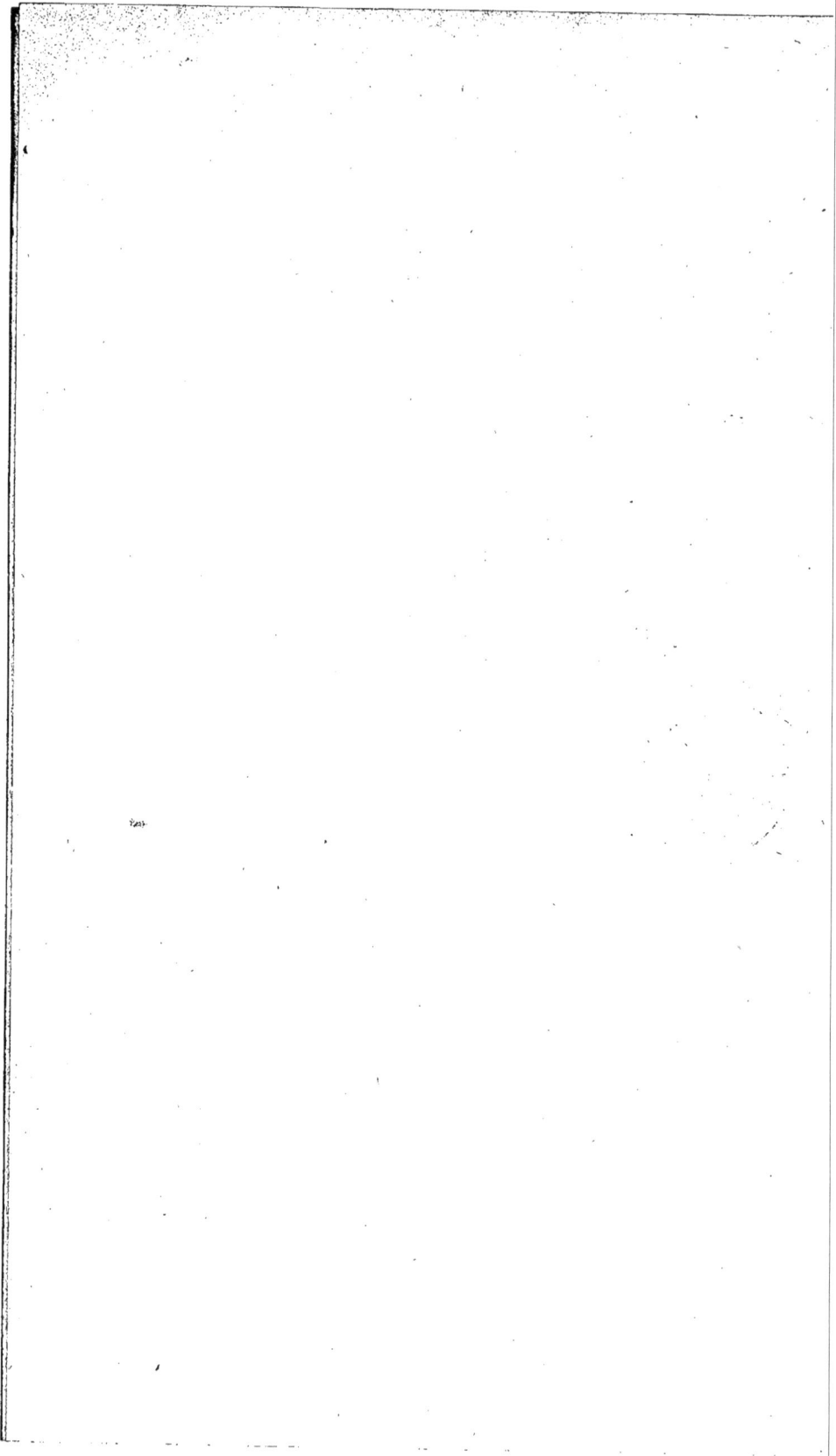

LE
DOIGTER DU PIANO

OU

TRAITÉ RAISONNÉ

DE L'ENSEIGNEMENT DE CET INSTRUMENT

Avec des réfutations aux Théories anatomiques de la main

ET UNE

NOTICE SUR L'ÉTAT DE L'ENSEIGNEMENT

CONTENANT

Plus de matière raisonnée que toutes les méthodes qui existent
et où l'urgente nécessité des appareils est combattue
par la véritable faiblesse des doigts que l'auteur a remarquée
dans l'action du poignet, du bras et du corps.

PAR P. BALAÑAC.

PRIX : 10 FR.

PARIS

CHEZ L'AUTEUR, RUE DU JOUR, 9
ET CHEZ LES MARCHANDS DE MUSIQUE

1846.

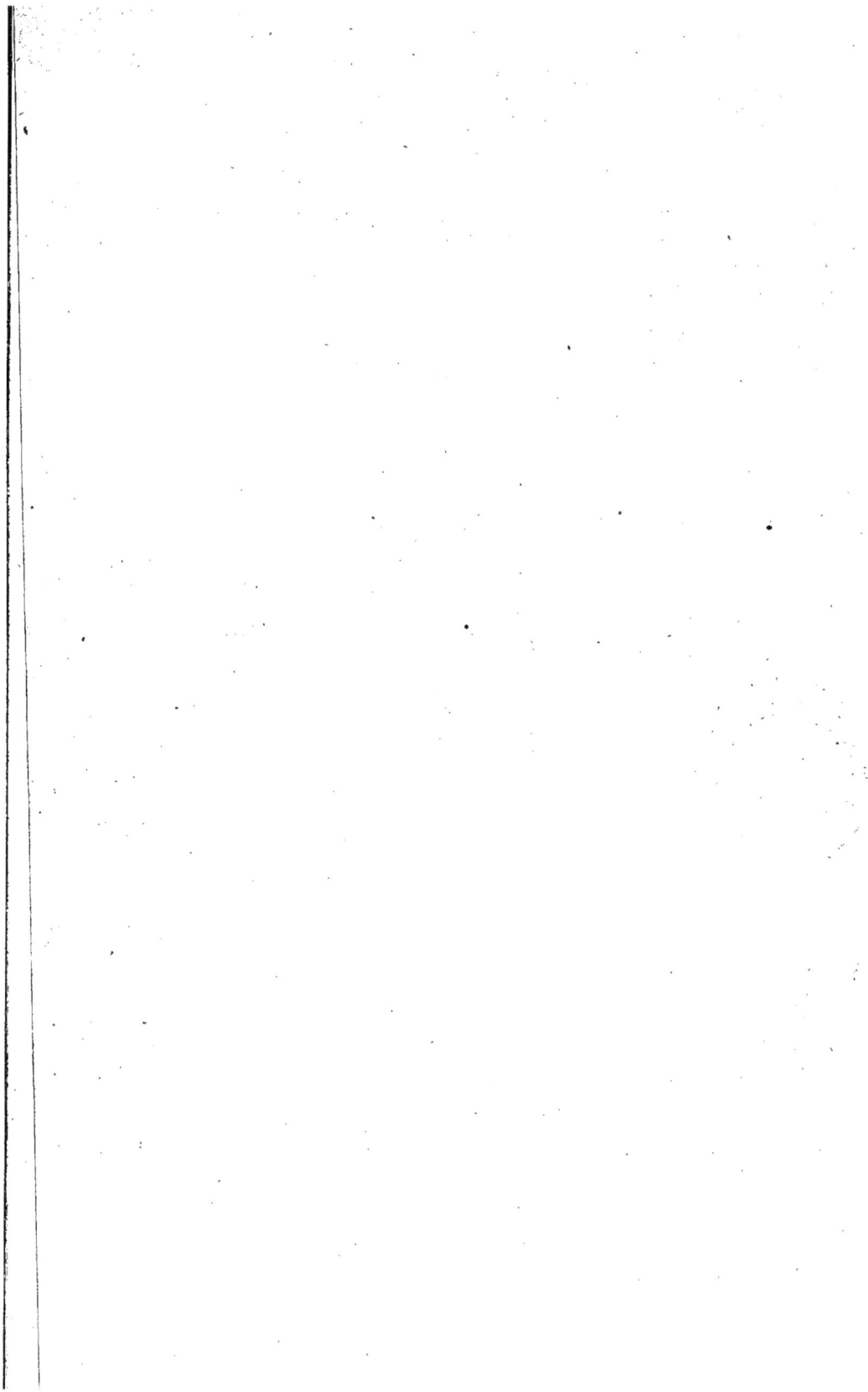

AVANT-PROPOS.

Les ouvrages élémentaires, et particulièrement les méthodes de piano se sont multipliés avec une étonnante profusion, à mesure que le goût de cet instrument est devenu plus général ; et peut-être y aurait-il de la témérité à vouloir en grossir le nombre ; mais la plupart ne sont que des compilations et ont été faites avec une grande négligence, aucune ne parle que très-peu du mécanisme. Les premiers maîtres dont les productions s'agglomèrent tous les jours d'une manière prodigieuse dans ces magasins de la France, comme de l'Europe, qui déjà regorgent de la musique de piano, ne nous ont pas même donné des méthodes ni la manière de nous sortir de ces inextricables difficul-

1

tés, ni même de les déchiffrer. Un tel entassement des productions devait conduire l'art plutôt vers sa décadence que vers le progrès, et devait finir par lasser la patience du pianiste.

Quoique voués par état à l'enseignement, et qu'ils aient dû se trouver souvent embarrassés vis-à-vis leurs élèves qu'ils ne pouvaient pousser à leur gré, ou qu'eux-mêmes se soient trouvés dans l'impossibilité de vaincre une difficulté qui les rebute, les auteurs ne se sont pas dissimulé la difficulté de se livrer à un tel genre de travail, ils ont seulement effleuré cette question dans les quelques règles qu'ils ont essayé de donner avec précaution, leurs efforts ne se sont dirigés qu'à chercher la progression ou le genre d'airs qui conviennent aux commençants. C'est le seul point qui ait suscité de la part de plusieurs auteurs, une discussion qui par son insignifiance prouve les travaux sérieux auxquels ils se sont livrés, car, quels rapports peuvent avoir sur le mécanisme les airs faciles qu'on dit pervertir le goût, et le meubler de trivialités ni les difficultés modernes? cela, tout en ayant le pour

et le contre des deux côtés, ne regardait absolument que l'oreille. Toute l'attention des méthodes
jusqu'à ce jour n'a été portée qu'au genre d'exercices qu'il fallait adopter, le doigter qui pour nous
renferme tout le mécanisme, était complétement négligé, on avait jeté au hasard des quantités innombrables de chiffres qu'on faisait observer religieuse-
ment à l'élève, chaque professeur s'en formait un
basé sur la force, la conformation et l'adresse de
ses doigts. C'était pire encore ; il y en avait même
qui prétendaient que l'élève devait farcir sa tête de
cette quantité incalculable des chiffres ; erreur grossière, car d'abord le doigter n'est pas astreint à
aucune combinaison des chiffres, ni à des tels passages ; il est vrai que les doigts courts n'entrent
pas aussi facilement sur les touches noires, c'est la
seule règle du doigter qu'on puisse donner, quoique cela n'empêche de s'en servir dans la nécessité ;
mais comme la marche des doigts n'est pas à la fin
ce qu'elle est au commencement, on doit conclure
qu'il n'y a pas de doigter, et que toutes les règles,
ainsi que toutes les séries des chiffres, disparaissent

devant ces passages surmontés des doubles notes, ainsi le doigter établi ne servira que pour faire marcher le commençant.

Pour le reste du mécanisme, il n'y a eu que des appareils qui n'ont été ni compris ni expliqués, mais exploités avec avidité, ce qui a été la cause qu'ils sont tombés dans l'oubli et ont été complétement négligés à mesure que les nouveaux ont paru sous les mêmes auspices de l'exagération. L'étude consciencieuse que nous avons faite des mouvements des doigts, de leur différente conformation, de la différence des touches par rapport à leur longueur, leur largeur, ainsi qu'à leur hauteur, nous donnent des arguments puissants pour combattre l'enthousiasme trop bienveillant qu'ont excité certains appareils.

Ce travail important nous a donné l'heureux résultat de délivrer l'attention de l'élève de cet esclavage des chiffres, en le remplaçant par des règles auxquelles nous avons porté tout le soin qu'il nous a été possible, afin de les réduire à leur plus simple expression. De cette manière, l'élève pourra marcher sans avoir besoin de se les graver dans la mémoire avant de commencer, pourvu que le maître veuille le lui appliquer à mesure que s'en présentera l'application.

Le développement de la force des doigts, qui est un sujet des plus importants et qui a donné lieu à nos principaux maîtres, à tous ces efforts, dans les diverses tentatives des appareils, sert à y concentrer l'action en faisant remarquer les divers cas où le bras et le poignet interviennent insensiblement.

Nous nous permettrons ici de dire un mot sur les divers appareils qui ont paru. Après avoir donné quelques conseils sur la lecture de la musique, nous répondons à ceux qui prétendent qu'on peut déchiffrer à première vue, et nous donnons des conseils sur la manière de lire et d'exécuter la musique moderne et ses hautes difficultés qui jusqu'à présent étaient inabordables.

Quelques considérations sur l'exécution serviront à remarquer les nombreux abus que commettent les exécutants. Afin de former les sentiments du pianiste, nous avons cherché par des analyses concises, des phrases musicales, à faire interpréter le langage d'expression, sujet nouveau qui n'a jamais été traité.

Notre sollicitude a été même jusqu'à exposer la cause de certaines irritations de poitrine, provenant du vice d'exécution, dont les nombreuses complications agissent constamment sur la susceptibilité nerveuse; et afin d'empêcher les nombreuses déceptions que cela occasionnait surtout dans le Midi, où elles sont très-fréquentes, nous les avons accompagnés des conseils basés sur les avis des médecins et des expériences que j'ai recueillies sur mes élèves ainsi que sur moi-même lorsque fatigué par le travail forcé auquel je me suis livré pendant quelque temps, et me voyant attaqué de cette partie, j'ai voulu me convaincre si le piano pouvait contribuer à cela.

Rien n'a été négligé, ni le temps, ni la patience, pour poursuivre la difficulté du piano avec des efforts consciencieux. La modicité du prix est ce qui constitue son principal mérite, attendu les

veilles et la peine qu'il a fallu ; car nous aurions pu
faire à la manière des autres auteurs, comme Czerny
par exemple, qui en faisant une méthode qui
ne semble avoir d'autre but que celui de réunir une
certaine collection des passages pour être traités
avec un différent doigter, basé non sur des règles
fondamentales ni particulières solidement établies,
mais sur le vague langage des chiffres, l'a cotée
sur le prix énorme de 108 francs. On ne nous re-
prochera donc pas de vouloir imposer le monde
musical d'aucun tribut onéreux pour des appareils
que nous considérons très-bornés dans leurs mouvements, en raison des nombreuses complications
du piano.

Le fruit des voyages dans les divers pays de
l'Europe où j'ai professé l'art, ainsi que dans les
premières villes de France où j'ai pu consulter et
observer les divers modes d'enseignement, doivent
être une garantie pour le plan que nous nous
sommes tracé dans cet ouvrage scientifique, que
nous pouvons adresser sans prétention, non-seulement aux élèves et aux professeurs, mais aux

sommités et aux compositeurs ; ceux-là principalement, trouveront dans les calculs, dans la théorie
des propriétés et des mouvements des doigts, soit
par rapport aux touches, ou par rapport à leur
différente conformation, etc., des nouvelles ressources, afin de tirer parti de tous ses doigts, en les
combinant adroitement.

Le désir de réduire cet ouvrage au plus petit
volume, afin que le professéur pût le porter sur lui
et le consulter souvent, ainsi que pour le mettre à
la portée de tout le monde, m'a fait éviter certaines
théories abstraites, où nous auraient conduit certains faits cachés que nous avons avancés; nous
les avons toutefois appuyés par des exemples
notés tirés des premières œuvres de nos grands
maîtres, afin que nos assertions puissent avoir
plus de vérité, de lucidité, et qu'on puisse mieux
constater l'existence réelle de la difficulté que
nous exposons sur le mécanisme. Même sur ces
exemples notés, nous avons apporté la plus grande
réduction possible, pour prouver que nous ne
voulons surcharger notre ouvrage d'inutilités dont

tous les autres abondent. C'est un petit volume qui contient beaucoup de matière sur un très-petit espace, et dont la théorie roule sur le plus intime de l'art, et non sur des phrases savantes ou des raisonnements anatomiques incompatibles avec l'art, et loin de la portée de la plus grande partie de ceux à qui on les adresse. Ainsi la conscience et l'utilité de l'art ont été notre seul but.

Le style simple m'a semblé convenir mieux à ce genre de travail; d'un autre côté, nous ne voulons pas prétendre au mérite littéraire, nous nous présentons comme musicien et non pas comme écrivain, et s'il est vrai, comme je l'ai entendu dire, que tout le monde fait des fautes de français, il sera bien permis à chacun de produire sa pensée, dans quelque condition qu'on se trouve, ou quelle que soit sa profession. Moi, plus que tout autre, je dois avoir droit à l'indulgence en qualité d'étranger, et ne m'étant appliqué à la langue française que depuis peu.

Je désirerais bien posséder ce talent avec lequel on relève et on rend intéressantes les choses les plus indifférentes, car un ouvrage sorti de la plume d'un bon écrivain où le bon goût préside, dispose favorablement le lecteur.

Mais quelque agréable que puisse être un style fleuri et correct, il y aura sans doute un moment où le solide et l'utile prévaudra sur le superficiel, où la distraction éloigne l'attention du sujet principal.

La spécialité du sujet qui n'avait jamais été traité, et qui par conséquent nous appartient, nous fait espérer de la part du monde artistique un accueil bienveillant dû aux efforts si persévérants qu'il a fallu; rien n'a été emprunté des auteurs, que les erreurs que nous avons relevées, afin de préserver les élèves des conséquences fâcheuses.

Si j'ai pu cependant pécher contre la clarté, je crois qu'en relisant mon ouvrage, on finira par comprendre le génie de mon langage; personne n'ignore qu'une bonne volonté secondée d'une bonne intelligence, comprend ordinairement au delà de la portée des mots. Nous sommes sûrement persuadé de cette indulgence, et non-seulement nous pourrons avoir la douce satisfaction d'avoir doté le monde musical de cet ouvrage, mais quelque gratitude démonstrative viendra nous confirmer dans la bienveillance que nous attendons.

INTRODUCTION.

A mesure que l'homme veut prendre connaissance des objets qui l'entourent, il découvre de
nouveaux sujets d'admiration, d'étonnement; de
nouvelles découvertes couronnent toujours le résultat de ses persévérantes recherches. Depuis tant
de siècles qu'il avait pris possession du piano, il
ne s'était encore imposé le devoir de lui assigner
la place qui lui est due, il a fallu que le progrès fît
pousser des tentatives, pour en venir à la connaissance des ressources que nous ont procurées nos
recherches. Nous avons cru pouvoir attribuer cet
injuste oubli à la haute position qu'il occupe dans
le boudoir où la renommée populaire n'a pas d'ac-
cès, pour entonner le cri d'enthousiasme, afin de
propager au loin sa prépondérance.

Il était donc temps de le sortir de cette modeste
position, et de reconnaître par des plus éclatants

témoignages, les ressources vraiment immenses qu'il possède. En un mot, le piano est l'instrument de prédilection; la suavité de sa pure harmonie lui a mérité la noble confidence des inspirations les plus sentimentales, des émotions les plus vives, et des plus secrètes pensées du beau sexe; il embellit autant qu'il charme la demeure du riche; la première place d'honneur lui est réservée dans les salons; à lui seul il occupe toutes les sympathies.

La tendance naturelle de l'esprit à vouloir d'une manière affectée surprendre savamment, afin de s'insinuer dans les autres esprits, aurait dans un siècle si fécond en connaissances variées, rendu les réunions monotones et ridicules sans le piano.

Elles deviennent par lui agréables et familières, sans astreindre à blesser les règles du bon goût. Il empreint sur les physionomies une expression d'aménité, qui force à se mettre de la meilleure grâce au niveau de tous les goûts et capacités. La popularité qu'il s'est acquise vient nous prouver qu'il est devenu nécessaire et indispensable pour la société, il ne charme seulement l'ennui du riche bourgeois des grandes villes, il va jusqu'à civiliser les mœurs agrestes du rustique paysan du hameau et de la campagne, qui, insensible aux arts de la poésie, de la peinture, etc., s'émeut aux charmes d'une douce mélodie. Mais l'élan si général qui lui

a été donné n'a pas manqué, comme cela arrive
toujours en pareille circonstance, de produire une
multitude de professeurs qui tous possèdent une
position avantageuse, et qui font de continuels
efforts comme pour vouloir pousser l'art jusqu'au
plus haut degré de la perfection humaine. Quelques
résultats, il est vrai, ont pu être obtenus par ces
efforts, et nous aurions à nous féliciter avec leurs
auteurs; mais ayant été exagérés, ils ont perdu de
leur mérite en même temps qu'on leur a empêché
la popularité par la haute prétention avec laquelle
on les a taxés en les livrant au public. Mais comme
l'impatience de briller les occupait plutôt que le
véritable amour de l'art, il est arrivé parfois quelque idée lumineuse qui n'a été cependant que mo-
mentanée, et qui a été examinée par l'ambition, par
un enthousiasme mal entendu, ou par cette trop
bienveillante complaisance de la part de nos premières autorités musicales, à vouloir encourager
tout ce qui paraît. Parfois ces inventions se sont plutôt présentées par le fard littéraire que par la vérité
de ce qu'elles promettaient, ce qui n'arriverait, si
ceux qui sont à même de pouvoir juger sciemment
ces choses possédaient le talent d'écrire, ou vou-
laient se donner la peine de répondre. Qui n'a pas
entendu parler de tant d'inventions qui sont tombées
d'elles-mêmes, et qui cependant sont venues à grand

bruit nous annoncer, les unes, que la difficulté était diminuée au moins de deux tiers, les autres, qu'on pouvait commencer le piano à trente-cinq ans. Cela peut devenir grave en portant le découragement dans l'âme de ceux qui tentent de véritables efforts pour perfectionner l'art. Pour nous, nous n'avons pas ajouté foi à tous ces charlatanismes, car si un moment cela a pu influer sur notre esprit, lorsque nous avons fait un scrupuleux examen de toutes ces inventions nouvelles, nous avons vu que nous n'avions rien à craindre, et qu'il n'avait pas été encore dit le dernier mot à l'art, et je poursuivis mon travail avec plus d'opiniâtreté. Ma route a été celle de poursuivre la difficulté comme pianiste et comme professeur jusque dans ses derniers retranchements ; je n'ai cessé d'examiner avec attention toutes les difficultés. La première entrave qui frappa mon esprit en prenant un morceau de la dernière force, ce fut le doigter ; je cherchai dans les mille et une méthodes que j'ai eu l'occasion de fouiller quelle était seulement sa définition, je n'en trouvai pas même, et pourtant je me disais : Le doigter ne peut être autre chose que les différentes combinaisons des doigts, qui, d'un autre côté, me semblaient être les seuls organes qui pourraient prendre part à l'exécution. Et lorsque je vis l'inégalité de leur longueur, de leur force, leur différente conformation, la différence des touches par rapport à la hauteur, à la largeur et à la longueur, je présumai immédiatement que là était le point principal d'observation. Je ne me suis pas trompé dans mes prévisions, car nous n'avons pas vu d'autres difficultés dans le mécanisme du piano que le doigter; toutes nos recherches nous ont toujours amené là. Lorsqu'on voulait savoir quel était le fini d'un morceau et jusqu'où pouvait arriver son poli, ainsi que toutes les autres ressources employées par le génie, nous avons trouvé partout le même silence et le même vide que pour le reste du mécanisme; nulle part on ne parle des conseils ni des préceptes de l'expression, de l'exécution, ni des autres détails nécessaires.

Ainsi, on peut dire que si le piano a pu faire quelque progrès, c'est en transmettant oralement les principes mécaniques et non en les livrant à la publicité dans les méthodes. Il n'était pas difficile alors de voir si peu d'unité dans cet enseignement, et que chaque maître imposant ses goûts à chaque élève, et que chaque élève perdît beaucoup de temps dans le changement de maître.

La plupart des professeurs prétendaient que lorsqu'on a appris à déchiffrer on a acquis le talent nécessaire, ceux-là ne connaissent certainement pas le poli d'un morceau qui est le plus pénible et

le plus difficile à donner à un élève, car pour qu'un
professeur exécute à son élève, comme il doit le
faire, le morceau qu'il lui apprend, il faut qu'il l'é-
tudie, s'il veut le rendre avec toute l'expression,
l'exactitude et la clarté nécessaire, parce que souvent ces morceaux sont au-dessus même de la force
du maître ; il y en a même qui ne connaissent pas
le piano parmi ceux qui démontrent ; il n'est pas
difficile aussi de voir d'après Kalkbrenner de véritable croques-notes, estropiés pour la vie, plutôt
que des exécutants.

La nécessité d'établir une polémique sur l'enseignement comme sur les diverses compositions, etc.,
se faisait sentir impérieusement ; afin de mettre
ordre aux nombreux abus qui existent, nous l'a-
vons fait sans craindre de compromettre le succès
de notre ouvrage, comprenant que tel est le devoir
d'un auteur. Voilà donc sorti le piano d'un silence
de tant de siècles ; tout concourt maintenant à le
relever ; on ne pouvait guère pousser le progrès à
un plus haut degré jusqu'à dédier à cet instrument
un ouvrage spécial et scientifique, qui ne manquera
pas d'exercer la plus heureuse influence sur cet art
et nous assurera cette heureuse conquête.

CHAPITRE PREMIER.

De la Lecture de la Musique.

Le besoin qu'éprouve un artiste de se produire partout où il pourra propager le goût de la musique, et l'impossibilité de pouvoir déchiffrer correctement toute sorte de difficultés à première vue, malgré l'erreur de ceux qui croient le contraire, et le peu de soin qu'on s'est donné pour traiter ce sujet, m'ont fait comprendre l'importance qu'il méritait, parce que de là dépend l'avenir d'un pianiste qui, en présence d'une réunion distinguée, ne veut pas éprouver le cruel désappointement de ne pas pouvoir se tirer du morceau qu'on lui met devant lui.

Surtout en France, où quelle que soit la manière de rendre un morceau, on ne l'apprécie qu'après s'être convaincu qu'on lit à première vue par quel moyen que ce soit, cela fait qu'il y a plus de lecteurs que d'exécutants.

Si nous croyons en effet les plus grandes difficultés céder aux études et aux efforts des sommités de l'art, nous pourrons dire qu'ils ont vaincu toute sorte de difficultés, et qu'un mécanisme soumis semble obéir à leur puissance; mais la contagion de cette époque d'existence matérielle n'a pas manqué de s'attacher à ce génie privilégié encore dans sa corolle, lorsque la chaleur de l'étude, pour embaumer et épanouir l'âme de l'artiste, faisait germer le parfum sacré des suaves mélodies; elle l'a jeté au milieu de ces bravos assourdissants que répète un monde inconstant, d'où demain peut-être surgira un génie supérieur qui lui ravira les bravos qu'il obtenait la veille; lui-même, astre éclipsé pàlira devant cette gloire et refusera la lutte, parce qu'il a dissipé à recueillir la moisson de la gloire, ce temps solennel où le talent touche à son apogée. Ainsi s'est terminée pour beaucoup d'artistes, qui vivent encore, cette carrière brillante et splendide; qui parce qu'ils l'ont vue de trop près, elle leur présente un horizon terne et livide. Ainsi après avoir jeté un éclat éphémère, se sont éteintes bien des renommées, ainsi s'effacent les génies, si l'étude et de laborieux efforts ne les soutiennent.

Les difficultés dont sont hérissées les productions modernes contre lesquelles heurtent les règles, ou pour mieux dire la marche du doigter, suivies jusqu'à ce jour, rendent difficile non-seulement la lecture, mais l'exécution des compositions bizarres d'aujourd'hui.

Le piano, à l'exception de tous les autres instruments, est devenu lui-même un art à part; le progrès a fait de lui le digne rival de l'orchestre, le géant des instruments.

C'est cependant dans la manière de déchiffrer qu'on connaît l'habileté du pianiste. Il y en a, il est vrai, qui semblent lire assez correctement aux yeux de certaines personnes; mais un juge éclairé par une bonne intelligence musicale et par l'habitude de l'instrument, remarque chez eux une subtile adresse pour trancher la difficulté, il voit en effet qu'ils altèrent souvent la mélodie comme l'harmonie, évitent les sauts, répètent sur la même octave des phrases qui doivent se reproduire sur les autres octaves, des réductions d'accord de la main gauche en triolets arpégés qui s'étendent au loin et qu'ils renvoient à proximité de la main, pour qu'elle ne soit pas obligée de s'écarter; enfin des omissions continuelles, des passages brusqués et décousus par un doigter en désordre et une mesure raccommodée; ceux-là dans l'étude du piano n'ont fait que voltiger de fleur en fleur, en lisant la musique, pour s'énerver par des sucs efféminés.

Après m'être livré aux investigations pour donner une bonne direction aux commençants, je crois avoir remarqué que la vue, l'ouïe ou l'oreille, l'intelligence avec le doigter, jouaient le plus grand rôle.

La vue surtout, est celle sur laquelle j'ai cru devoir insister davantage, parce que, devant être au cahier, elle opposera une grande résistance qui vient de l'habitude que nous avons de porter un organe au secours d'un autre, quand celui-ci se trouve embarrassé, de manière que celui qui est habitué à porter la vue sur le clavier, en voulant l'en détacher, éprouve la même peine que celui qui est obligé de gravir une montagne entourée de précipices, avec les yeux bandés; mais pour le commençant il ne doit pas y avoir d'autre peine que celle que prendra le maître en voulant l'habituer au plus tôt. Elle est extrêmement nécessaire au cahier pour nous donner les notes, et si elle s'en écarte, les organes restent dans l'inaction; car pour se remettre après, elle emploie du temps, fatigue l'attention, et empêche que l'action de la main soit indépendante en facilitant les arrêts, c'est-à-dire que lorsqu'on voit les touches, on peut s'arrêter au milieu du trajet d'une note à l'autre; tandis que quand on ne regarde pas, on calcule la distance et on porte la main sans l'arrêter, afin que le mouvement soit libre.

Dans les passages faciles, pendant que la vue
attend l'exécution de ce qu'elle a prévu, elle doit
lire en avant afin de se préparer à la difficulté,
pour ne pas en être surpris, et surtout pour calculer
le doigter. Il arrive à l'oreille ce qui arrive à la
vue, si elle ne suit pas le son, l'intelligence agira
absolument comme quand on lit au rebours, elle
compare les sons pour en déduire des distances
qui les séparent les uns des autres dans les touches
qui les représentent, mais lorsque la vue est fixée
au clavier, elle n'en fait pas autant les frais, ni se
cultive aussi bien dans la perception des sons ; il est
donc de toute utilité de lui faire prendre de bonne
heure de bons plis, car elle est si utile pour lire,
qu'elle-même lit sans cahier dans les morceaux
qu'elle entend, tel que cela se voit dans ceux qui
apprennent par routine.

Elle doit être attentive à la manière de la vue, et
doit aller en avant afin de découvrir la marche de
la mélodie ainsi que de l'harmonie, pour éviter
toute surprise. Une oreille dure saisit difficilement
les sons, elle ne les distingue pas, ne peut rien
retenir qu'à force d'étude, elle gêne le mouvement
des doigts et occasionne du retard pour apprendre
les morceaux.

L'harmonie aide beaucoup l'oreille à suivre le
développement mélodique, même avant l'exécu-

tion. J'ai donné à des élèves des morceaux de basse
chiffrée qui pendant qu'ils cultivaient la marche
des accords d'où dérive souvent le développement
mélodique, exerçaient leurs doigts aux écarts et
leur établissaient un doigter régulier pour cette
nombreuse famille des phrases qui dérivent des
accords. Mon maître d'harmonie, à Rome, ainsi
que plusieurs autres maîtres italiens prétendent
qu'apprendre le piano sans le secours de l'harmonie, c'est apprendre à lire le latin aux confréries
des pénitents qui ne peuvent pas se rendre compte
de ce qu'ils prononcent.

Tout le monde sait sans doute la part que prend
l'intelligence à toutes nos opérations, et que rien ne
se fait qu'avec son concours ; je la présenterai ici
comme la seule qui préside et qui dispose de matériaux qui lui procurent la vue, l'ouïe, etc., qui ne
sont que des organes à ses ordres pour lui transmettre, l'un les signes, et l'autre les sons, ainsi que
leurs rapports ; personne n'ignore sans doute qu'on
peut entendre avec les yeux fermés, et voir un objet, un tableau, etc., sans le secours de l'ouïe, mais
non pas prendre connaissance de ce qui est en rapport avec nos sens, ni produire un résultat quelconque sans l'intelligence ; c'est à elle à apprécier
les distances, à donner à chaque doigt, à la main,
l'attitude qu'ils doivent prendre pour aller à telle

touche où il conviendra ; après qu'elle a calculé la distance qu'il y a d'une touche à l'autre, elle donne la force nécessaire à chaque doigt pour se contracter, s'écarter, ou à la main pour se porter à telle distance ; mais comme elle cherche à agir dans toutes ses opérations de la manière la plus aisée et la plus courte, et qu'il lui est impossible d'apprécier au juste les distances, dans la crainte que la main s'égare et manque la touche, elle conduit les doigts en fixant le précédent sur la touche qu'il vient de baisser et qu'il ne quitte que lorsqu'on a cru avoir mesuré la distance. Ainsi fait également lorsque la main est obligée de se porter à des grandes distances pour rapprocher les deux points de mire, elle envisage la main la plus près de la touche où on va pour en calculer mieux la distance, quoique à peu près, car il faut qu'elle y revienne à plusieurs reprises pour bien l'apprécier. Les plus grands pianistes se servent de ce moyen, quelque lourd que le jeu devienne, parce que tous ont des difficultés et par conséquent doivent partager la crainte de faire faux et chercher les moyens les plus sûrs pour sortir d'embarras.

Plus tard, lorsqu'on a travaillé la distance, cette manière de procéder disparaît, il est vrai, mais souvent on la reprend lorsqu'il y a longtemps qu'on n'a pas travaillé la difficulté.

C'est si vrai, que tout se passe dans l'intelligence, qu'après avoir resté longtemps pour trouver une phrase ou un accord, on le répète tout de suite autant de fois et aussi vite qu'on voudra, lorsqu'elle a calculé toutes les opérations qu'elle doit faire.

Lorsque l'intelligence n'agira pas ou que la vue et l'oreille ne resteront pas à leur place, la main bougera constamment afin de voir si on peut attraper la touche sans calculer les mouvements des doigts; elle s'égare alors par la raison que n'ayant pas de direction elle ne peut faire autre chose que se mouvoir, la seule faculté qui lui soit donnée; toutes ces trois parties doivent aller ensemble, sans quoi il n'y a pas de résultat.

Pour mieux faire comprendre la difficulté de déchiffrer à première vue, il faut voir quelle est la position du pianiste devant le cahier; après qu'il a vu la note, il faut 1° qu'il cherche de quel côté se trouve la touche qui la représente, 2° embrasser beaucoup de notes pour savoir quel est le doigt qu'on doit lancer et qui peut éviter le déplacement de la main, soit par rapport à leur inégalité comme par rapport à la différence des touches, 3° quelle est la distance qui la sépare de celle qu'on tient, 4° donner au doigt la force qu'il lui faut pour se porter juste sur la distance, ce qui est le plus difficile

et le plus abstrait à saisir comme à exécuter, parce
que lorsqu'on dirige les doigts avec trop d'action
ils vont trop loin et tombent sur la touche voisine
comme lorsqu'on les dirige sans volonté, ou que les
organes étant froids n'arrivent pas à la distance ;
5° avoir la force et la souplesse d'exécuter en mesure.

Qu'on juge de la difficulté lorsque tant d'opérations et d'obstacles pour une seule note doivent
avoir lieu pour dix ou douze notes à la fois qu'on
prend souvent. En un mot, autant on sera familiarisé avec le passage, autant de facilité on éprouvera, comme de difficulté dans le cas contraire. En
exposant les difficultés de lire à première vue, nous
ne voulons pas donner un sens absolu à nos raisons,
car il y a sans contredit des pianistes dont la force
leur permet de suivre parfaitement un certain degré
de difficulté, quoique toujours il leur manquera au
moins la pensée de l'auteur pour le rendre aussi
correctement que possible.

Toutes les difficultés du doigter seront autant
d'obstacles pour déchiffrer.

Il y a des professeurs qui font déchiffrer les mains
séparément ; ceci tout en ayant l'avantage d'examiner le doigter, a l'inconvénient de ne pas pouvoir
lire après des deux mains à la fois. Mais en lisant
des deux mains il faut aller lentement pour que le
doigter n'en souffre pas en le précipitant.

Une grande négligence même familière à un grand nombre de pianistes, est de ne pas observer avec attention les clefs et les mesures, ils comptent plutôt sur le dessin des groupes qui varient dans une même mesure que sur le changement de ton ou de mesure. Quelle que soit l'habitude de la lecture, il faut après avoir distingué facilement les notes, les sons, etc., posséder en même temps l'exécution.

De la Musique moderne.

La révolution qui s'est opérée dans les sciences comme dans les arts depuis peu d'années, n'a pas manqué d'envahir l'art musical ; son influence salutaire s'est surtout fait sentir sur le piano par les ressources immenses qu'il met à la disposition du pianiste compositeur. En effet, l'extension prodigieuse du clavier est pour lui un vaste et spacieux laboratoire où son génie créateur peut verser abondamment sa sublime fluctuation, et qu'il peut parcourir dans tous sens avec cette légère vélocité que lui facilite la simplicité de son mécanisme. La faculté de faire marcher simultanément douze notes à la fois ne doit pas moins étaler à ses yeux un vaste champ d'harmonie qui lui confie tous les secrets de la mélodie. D'un autre côté, le concours de deux mains aussi, lui facilite l'exécution de certains effets rhythmiques, qui sur tous les autres instruments seraient nuls, indéterminés, et dont l'exécution serait impossible ailleurs que sur le piano, ce qui nous porte à croire qu'ils n'auraient pu être créés ni exister sans cet instrument.

Tous ces nombreux avantages doivent lui acquérir infailliblement la supériorité sur tous les autres instruments, même sur l'orchestre; aussi, c'est à ce riche instrument qu'on doit les plus belles pensées mélodiques qui, de nos jours, aient été enregistrées dans les annales de la musique ; les plus grandes beautés de l'harmonie ont été inspirées par cet instrument qui, trouvant son domaine trop rétréci par les règles établies par les auteurs, le plus moderne en a franchi la barrière et a laissé en arrière toutes les théories.

La vérité de ces observations se fait sentir vivement quand on connaît ces belles fantaisies sur des motifs des opéras de Rossini et des autres auteurs que Thalberg, Liszt, Herz, etc., ont ennoblies par une harmonie riche et chantante, par des accompagnements grandioses, des traits gracieux jetés avec un heureux à-propos, un tact fin et un goût exquis,

ainsi que par des ingénieuses et savantes varia-
tions, etc.

Quand on entend après ces mêmes motifs dé-
pouillés de cette riche et brillante parure, on les
trouve maussades et trivials ; une pensée insidieuse
vient nous ravir ce religieux respect d'admiration
que nous inspirent ces génies d'autrefois qui ont
donné l'essor au progrès.

Ainsi on voit que la primauté du piano n'est pas
seulement sur les autres instruments, sa musique
est infiniment supérieure à toutes les autres compositions du jour; en dépit de toutes les accusations
injustement lancées contre le compositeur pianiste,
par quelques théoriciens harmonistes dont le défaut
de pratique, et basés sur certaines règles d'un pur
radotage, fait trouver vicieux et abusifs des tours
savants d'harmonie pleins de beauté. Mais que ces
rigides observateurs d'une science outrée se ras-
surent; car le pianiste va sucer le lait au fond de
la source; dès le premier moment qu'il se met à
son instrument, l'harmonie se présente pleine et
variée à son oreille, juge sévère, seul et unique
appréciateur dans cette matière, opinion que nous
partageons avec Choron, qui qualifie l'effet harmonique ou mélodique la partie la plus abstraite et
la plus cachée de l'art, c'en est l'énigme, l'hiéro-
glyphe. Vouloir, dit-il, réduire l'effet en principes et

en méthodes, c'est vouloir donner la théorie de l'instinct du chien qui lui fait trouver sa proie, et con-
seiller de marcher à quatre pattes pour flairer
comme lui la trace.

Le pianiste donc est le seul dont l'oreille soit le
mieux prédisposée à ces secrets du génie ; tous les
compositeurs ont senti l'impérieuse nécessité d'avoir
recours au piano pour ce qu'il y a eu de plus scientifique dans les opéras, beaucoup les ont compo-
sés même sur le piano avant de les mettre en parti-
tion.

La prééminence du pianiste ne doit cependant
nous éblouir sur les abus qu'il a introduits et qui
ont pris origine dans l'empressement trop généreux
à payer si largement toutes les productions qui ont
paru, ce qui devait nécessairement provoquer la
cupidité de certains compositeurs qui, pouvant se
mettre à l'abri de la critique, ont composé des morceaux sans unité où les bizarreries les plus étranges
se succèdent sans interruption ni idée logique.
D'autres, sans doute, dans la sotte vanité d'étaler
leurs noms sur les couvertures avec des caractères
pompeux, n'ont donné que des fragments divers
cousus d'après leurs extravagantes connexions mélodiques.

Ceux même qui ont mis un peu plus d'ordre dans
les idées se sont rendus répréhensibles d'abus de

notation, d'où il résulte de continuels embarras pour les déchiffrer et des difficultés pour l'exécution, et comme si cet état de choses avait fait craindre à nos plus grands compositeurs de ne pouvoir pas assez propager leurs ouvrages, ils ont eux-mêmes encouru le même blâme.

Les exemples que nous allons citer pour prouver la licence de notation, sont tirés des principaux ouvrages.

La figure 1 de la première planche est un chant pour la main droite où on a voulu faire supposer deux parties différentes, en le surchargeant de plus de notes qu'il n'est possible de faire, car les deux premiers *la* auraient pu être supprimés, et remplacés par la blanche sans point d'augmentation; parce que en arrivant au *fa*, la plupart des mains éprouvent une grande difficulté à embrasser l'accord de dixième. Pour le quatrième accord, il est impossible de le faire avec la pédale, car il ne peut pas être fait par aucune main apte au piano. Les croix qui seront sur les notes indiqueront celles qui sont en question, et les lignes qui portent la clef de *fa* appartiendront à la main gauche, à moins qu'on n'indique pas le contraire.

La figure 2 est un passage à trois lignes dont les deux qu'on voit sont pour la main droite. La ligne d'en bas représente un partie différente qu'on ne peut jamais faire telle qu'elle est notée, mais qui se fait à peu près dans la même ligne d'en haut, de manière que ne pouvant pas se rendre différemment qu'elle est marquée dans la ligne d'en haut, il est inutile de le marquer autrement, ni même deux fois, sans encourir dans un abus fantasque.

La figure 3 représente plutôt un dessin pour embellir la notation, qu'un effet connu; car on ne divise ordinairement les groupes que pour le chant en paroles; si on a voulu cacher un effet, on aurait dû nous le faire connaître d'une manière plus explicite, car aucun ouvrage élémentaire ni théorique ne nous parle de cela; aurait-on voulu faire marquer une certaine séparation à chaque deux doubles croches, il y a beaucoup d'autres signes qui nous auraient expliqué plus clairement.

Les accords de la longueur démesurée de deux octaves, trois quarts et demi, qu'aucun être vivant ne pourrait embrasser, est une chose incompréhensible qui surprendrait autant que cela découragerait certains pianistes; on ne peut les faire qu'en plusieurs positions arpégées. Voyez figure 5, l'effet et la manière de rendre la figure 4. Il faut bien qu'on brise aussi les quatre notes qu'on prend ensemble pour se rapprocher de la pensée de l'auteur qui les a rangées sur la même queue. Les accords d'un octave et demi doivent se faire en une seule position, et si la main était trop courte pour embrasser tout l'accord, on fait entendre la note la plus basse et on la quitte pour rapprocher la main des autres notes. Un conseil qui me semble indispensable pour faire ces accords d'après l'expérience que j'en ai fait, est de commencer toujours par en bas, afin d'arranger le doigter de manière que dans les dernières notes la main puisse en embrasser autant que possible simultanément, afin de produire l'effet des accords plaqués, et que l'harmonie s'entende, car il n'est pas toujours permis de mettre la pédale.

Il faut chercher à cacher autant que possible le changement de position, et briser rapidement les notes en les liant avec toute l'égalité possible.

Nous aurions pu citer mille autres exemples, si nous croyions n'avoir été compris, mais on ne manquera pas d'en trouver souvent de la musique moderne.

Dans le passage de la figure 5 bis, il est difficile dans la maladresse de la main gauche, de caser en mesure les notes qu'elle fait; car elle manquera le premier *si* bémol, à cause qu'il n'est pas facile d'en saisir le moment, mais afin de pouvoir analyser les notes de la main droite avec celles de la main gauche, il faut les adjoindre et les diviser de la manière dont nous avons procédé, en prenant tou-

jours pour nombre divisible celui des notes qui
embarrassent, ou bien celui des plus divisibles. En
trouvant le rapport qui existe entre les deux, il est
plus facile de les diriger. La même opération aura
lieu lorsque les rhythmes des deux mains seront
difficiles à saisir.

Divers conseils sur la Lecture.

Les continuelles innovations qu'on apporte tous
les jours, et le peu de soins que les premiers compositeurs se sont donnés pour nous doter des méthodes ou d'autres moyens d'interpréter leurs productions, nous ont fait un devoir de donner les
renseignements que par nos recherches nous avons
pu recueillir.

Parmi les plus grandes difficultés qui éprouvent
et lassent la patience du pianiste, on peut ranger
ces morceaux notés où il y a plusieurs parties à la
fois, et dont les notes sont éloignées les unes des
autres ; la difficulté est telle, que la plupart de ces
parties ne peuvent se faire d'aucune manière, bien
qu'elles soient écrites, parce qu'il faut les quitter avant de les finir, pour porter la main ailleurs

afin d'en commencer d'autres qui ne seront non
plus terminées que par supposition. Il y a dans ces
passages un surcroît de notes et une dispersion
d'intervalles qui embarrassent le pianiste, autant
pour savoir quelles sont les notes qu'il faut prendre
ou laisser, comme pour la manière dont on doit les
distribuer aux deux mains, car tantôt un chant de
la main droite est fait par la main gauche, tantôt
celui de la gauche est fait par la droite; il y en
a même dont la moitié se fait par une main, et
l'autre moitié par l'autre, sans qu'aucun signe
indique rien de tout cela.

Ceux qui se trouveront en face de ces difficultés
ne manqueront pas de convenir avec nous sur
l'impardonnable négligence de ne pas marquer
avec des petites notes ou d'autres signes, les notes
qu'il faut prendre ou laisser, ou les renvoyer à telle
main, ou telle autre.

Dans ce genre de musique, il y a parfois des
effets nouveaux que le seul artiste peut goûter et
apprécier, car l'imagination est obligée d'embrasser à la fois plusieurs idées dont il n'y a pas eu
de mots pour les exprimer, elle doit deviner des
idées qui ne sont que commencées, et qui ne
pourront être terminées que mentalement; d'un
autre côté, cela ne compense nullement le travail
qu'on y met pour lutter contre l'opiniâtreté d'un

doigter mutilé et torturé par des difficultés inextricables. Ce genre ne peut produire qu'un effet
vague, il y a parfois des passages si extravagants
qu'on est porté à craindre que si on n'est pas
sobre dans cela, on va voir ce magnifique instrument devenir le digne représentant de la musicale
tour de Babel.

Je n'ai parlé jusqu'ici que des abus en matière
de notation, car j'aurais pu parler de cette manière
affectée avec laquelle on note plusieurs passages :
la figure 6, par exemple, représente plusieurs accords dont le nombre aurait pu être réduit à des
notes équivalentes.

Pour le pianiste qui ne fait que déchiffrer, les
différentes parties qu'on trouve dans une mesure
lui rendent un chant confus qu'il ne sait rhythmer
jusqu'à ce qu'il en a séparé toutes les parties chan-
tantes et accompagnantes, car il y en a qui commencent au milieu de la mesure comme on peut le
voir figure 7. Les différents moyens qu'on peut
donner encore pour distinguer les différentes parties, sont les silences qui complètent la mesure avec
ses parties, figure 8 ; ainsi que le sens mélodique
des chants, ou des accompagnements. La position
des queues, voyez la même figure 8, est encore un
moyen de connaître la correspondance du rapport
des notes.

Sans cette analyse, il est impossible de voir
qu'une infinité de notes dont le rhythme sera difficile
à trouver. Dans la distribution des chants de ce
genre de musique, il est nécessaire de chercher
quelle est la main qui se porte plus facilement à
tel trait ou tel accompagnement, ainsi que la meilleure manière de leur trsnsmettre ces chants ou
accompagnements qu'on ne peut faire que par le
changement continuel des mains. Les sauts doivent
être surtout évités dans tout cela.

L'extension de ces parties et la position où elles
se trouvent ont donné lieu aux trois lignes qu'on
trouve parfois et qu'il faut lire en même temps,
parce que souvent les mêmes notes qui font le chant
servent pour l'accompagnement, et il résulterait
pour la vue (comme il résulterait souvent·pour
certaines oreilles), de la difficulté pour distinguer
les notes comme les sons, si toutes les parties
étaient sur une même ligne. Les trois lignes
servent encore lorsque les accords sont très-éten-
dus, ainsi que lorsque les clefs se reproduisent
trop souvent, ou lorsqu'elles pourraient être con-
fondues par les demi-quarts de soupirs, ou par
d'autres signes. On trouve parfois quatre lignes,
mais dont les deux d'en haut servent pour modifier
la difficulté des deux d'en bas, pour que ceux qui
ne voudront pas rester longtemps dans le même

morceau puissent choisir. Parfois ces quatre lignes servent aussi à varier la même idée. Dans le même but il peut y avoir cinq lignes ou portées.

Les chiffres qu'on trouve au-dessus de certains groupes indiquent que tel nombre de notes de la main droite, doit se faire dans le même temps que celui des notes de la main gauche et vice versa; souvent on trouve évalué déjà sur le eahier, les notes de l'une des mains avec celles de l'autre, qu'on place vis-à-vis, quoique Thalberg qui parfois les divise ainsi, n'observe pas cela dans sa fantaisie dès souvenirs de Beethoven, à la page 7. Beaucoup d'autres aussi jettent pour ainsi dire les notes au hasard. Mais encore, quelque claire et exacte que puisse paraître cette manière de distribuer les notes au hasard, messieurs les compositeurs ne nous ont pas aplani les difficultés de l'exécution, car il faut un temps immense pour unir les deux mains, à cause de la dissonance que produisent les notes qui doivent se lier ensemble, et une attention assidue pour calculer la jonction des deux mains.

Dans les Fleurs mélodiques des Alpes de Listz, à la page 16, on trouve pour la main droite la mesure inconnue un quart composée de quatre doubles croches, je ne l'appelle inconnue que parce que dans les auteurs que j'ai pu lire, ni nulle part, je n'ai trouvé en fait de mesures impaires, soit simples ou

composées que celle à trois temps, ou celle à
capella qui se bat à un temps quoiqu'elle se
marque différemment. Cette nouvelle mesure se
trouve combinée en même temps avec celle à
trois-huit, composée de trois croches à la main
gauche. C'est ici que se présente la plus grande
difficulté qu'on puisse trouver sur le piano, pour
faire marcher ensemble deux mouvements con-
traires, car comment le calcul pourrait-il embrasser
ni l'esprit goûter les rhythmes d'une contredanse et
une valse jouées en même temps par deux instruments différents, comme on est obligé de faire ici
dans le nombre de quatre contre trois, et ceci pendant 26 mesures. Il résulterait de ce petit orchestre
une cacophonie complète.

Et supposé que par un travail obstiné ou par un
autre moyen on parvienne à faire marcher les deux
mains, quelle idée peut-il résulter de deux mouvements différents, qui ne sont nullement en rapport
et qui ne peuvent à mon avis produire aucun effet
rhythmique, comme on peut s'en convaincre en
faisant jouer ensemble ces deux mouvements par
deux métronomes. On ignore si c'est en menant
nonchalamment, les deux mains ou une seule que
Listz parvient à lui faire rendre l'effet qu'il s'est
proposé.

On trouve dans le cours des morceaux toute

sorte de nombres impairs combinés avec des nombres pairs pour les deux mains, mais cela n'est que pendant une mesure ou deux et dans des passages où ordinairement on peut altérer la mesure par l'expression, comme par exemple à la fin d'une proposition, ainsi que dans les traits qui contiennent des grupettos.

Parfois ces nombres impairs se présentent au milieu de la phrase par la transposition des grupettos, apogiatures et cadences en grosses notes; nous ne savons pas si cela pourrait être qualifié d'abus de notation, car toujours il s'ensuit un moment d'embarras pour le pianiste jusqu'à ce que sa perception musicale lui vienne en aide. Quoi qu'il en soit, chacun pourra suivre son goût en choisissant la manière de l'exécuter; ceux par exemple qui voudront faire marcher les mouvements pairs et impairs n'ont qu'à diviser le temps de la mesure par le calcul mathématique de la figure 9, *a*, *b*, *c*. Il sera de même de toutes les autres valeurs ou durées du temps qu'on voudra diviser par deux, trois, quatre, cinq ou quel nombre que ce soit. On peut, il est vrai, parvenir à joindre les mains par un travail assidu et avec de la perspicacité pour saisir le moment où il faut lancer les notes, mais si l'esprit n'en goûte pas le rhythme on l'oubliera facilement, car le seul moyen qui puisse aider ici, c'est le développement mélodique qui nous fait suivre les sons les uns après les autres avec leurs corrélations; comme conséquence inévitable, il est facile de remarquer que la même peine que nous aurons pour saisir ces sortes de rhythmes ou chants, sera partagée par l'auditeur comparativement à la culture de son oreille musicale.

Lorsque les accords de deux mains se touchent, on connaît que telles notes appartiennent à telle main, par l'étendue de la queue qui, lorsqu'elle est tournée en haut, appartient d'ordinaire à la main droite, et en bas à la gauche, à moins que les mains se croisent.

On se servira de la pédale dans ces accords trop longs, où il faut quitter quelques notes pour pouvoir atteindre les autres, car elle produit alors le même effet que si on la tenait; mais Kalkbrenner, qui recommande même cela, ne prend pas soin de prévenir que lorsque le chant sera altéré par le bruit il ne faudra pas user de ce moyen.

. L'élève qui ne pourra pas suivre le chant, devra strictement analyser la valeur de notes des deux mains en les évaluant, et si parfois on trouvait leur division trop compliquée, on peut compter les temps de la mesure, afin que par le son de la voix ils soient plus sensibles au calcul.

En brisant ou arpégeant les accords les mains

doivent frapper ensemble et non pas l'une après l'autre, comme le prétendent certains auteurs, car c'est trop exagérer que de produire alternativement les notes lorsqu'elles sont sur la même queue et qu'on produit l'effet des accords brisés par triples croches, etc.

Il est très-essentiel de ne pas faire rester les commençants trop longtemps dans les morceaux, pour les habituer à la lecture et leur faire prendre le goût de l'étude, qu'ils perdent malheureusement lorsqu'ils commencent à s'attacher aux airs; le mécanisme doit seul les occuper, car, puisque le doigter du commencement n'est pas celui de la fin, il ne faut pas qu'ils le vicient dans les airs faciles, où ils prennent aussi d'autres mauvais plis en pressant la mesure par des moyens défectueux.

CHAPITRE II.

Du Doigter.

En voulant traiter le doigter, j'ai été obligé de changer tout le plan de mon ouvrage, parce qu'à mesure que j'approfondissais cette grande question, je voyais tous mes chapitres se fondre dans celui-ci; aussi nous lui avons destiné les trois quarts du travail et nous en avons fait le titre. L'étude sérieuse à laquelle nous nous sommes livré, nous a amené à remarquer que la différente conformation des doigts, leurs différentes flexions et la différence des touches étaient les points de mire de notre ouvrage. Aucune théorie n'ayant été faite à ce sujet, on jugera d'après notre travail, par quel pur hasard on devait trouver dans ces poignées de chiffres qu'on lançait si vaguement, quelqu'un qui tombât à sa place; on n'avait donc jusqu'à présent suivi d'autres règles que celles du caprice des maîtres ou de l'adresse des doigts des compositeurs; on ne peut donc voir dans les calculs des chiffres établis jusqu'à présent que quelque chose de vague, que des sophismes; aussi soit négligence ou incertitude; les auteurs n'en ont pas mis dans les plus grandes fantaisies, ignorant que le succès de l'exécution dépend du bon ou mauvais choix des doigts, aussi chaque pianiste était obligé de s'improviser un doigter qui, selon l'adresse ou les bons plis qu'il avait pu prendre, exigeait de lui plus ou moins de temps pour l'apprendre.

La plupart n'ont vaincu la difficulté que par un travail des plus opiniâtres, d'autres ont dû succomber sous le poids du travail après avoir lassé et éprouvé leur patience.

Le travail consciencieux que nous avons fait, nous a fait comprendre que le doigter embrasse l'étude de la main, du poignet et du bras, et que la difficulté ne consistait que dans le choix des doigts par rapport aux déplacements qu'occasionne leur différente longueur, ou à la manière de procéder dans l'étude. Tous les divers mouvements, tous les cas et les inconvénients où les doigts ont pu se trouver, ainsi que l'influence qu'exercent sur le calcul les différentes attitudes des doigts, ont été étudiés par nous avec une patiente sollicitude et exposés avec des preuves établies, de manière que l'élève éprouve dans l'étude cette confiance que donne un progrès sensible et fasse un travail efficace et

agréable. Les règles que nous avons données ont
pour but de faciliter la rapidité des doigts, car par
un mouvement arbitraire nous pourrions faire beaucoup de traits d'un seul doigt. On a cru jusqu'à
présent que les exercices pouvaient servir de théories pour établir le doigter ; mais nous dirons que
les exercices ne donnent que des traits uniformes
par imitation et qui ne se développent pas. Les
études, d'un autre côté, ne sont que des morceaux
qui ne traitent pas le doigter progressivement, ni
assignent à chaque doigt son rôle. Ainsi le doigter
qui est ce qu'on avait le plus négligé jusqu'à présent, va être exposé amplement par des théories
qui prouveront que la difficulté ne vient que de là.

Du Pouce.

Ce doigt, dont l'utilité a été contestée lorsqu'il y
avait défense expresse de s'en servir sur les dièses,
et qu'on a négligé après, a cependant l'avantage
d'être fort et indépendant ; par la faculté qu'il a
de passer par dessous les autres il les multiplie et
empêche que la main s'égare dans les mouvements

en dedans et en dehors, lorsqu'elle se trouve sur
les dièses ; voyez figure 10, où la crainte de donner
du troisième contre l'angle de la touche du *sol* dièse
en quittant le *la*, quand ce doigt est gros, fait
faire des mouvements en dehors et en dedans pour
frapper sur le carré de la touche ; mais afin d'éviter
cela on substitue sur le *la* le pouce au troisième
dans la figure 11. Lorsque certains doigts doivent
se porter sur certaines touches il les emmène en se
reproduisant souvent dans tous sens ; il attaque aisément les positions et change plus souvent que les
autres et avec facilité ; par sa force, il soutient plus
longtemps les trilles ; il ne manque pas de l'agilité ;
il se porte à de grandes distances de plus d'une octave et quelquefois plus. Lorsque les autres doigts
font des tenues ou qu'ils restent à la même place
pendant qu'il fait d'autres notes, il agit aisément,
se reproduit partout et sur plusieurs touches consécutives, figure 12.

Tous les auteurs s'en sont servi pour accentuer
les notes, quoique parfois sa force naturelle lui fait
changer l'effet des tierces pour celui des quartes,
lorsqu'en montant une gamme par ces intervalles il
accentue celle qui détermine la quarte, au lieu d'accentuer celle qui détermine la tierce, voyez fig. 13.
En accentuant le *do* au lieu de *mi* il résulte l'effet
de quarte. Il donne de la sûreté à la main lorsqu'il

fait avec un autre des sixtes, octaves, etc. Étant le premier de la main, il prolonge davantage les positions qu'il attaque, pouvant alors présenter plus de doigts avant qu'il se reproduise de nouveau. Dans les écartements où les doigts ont une position oblique, qui en tombant leur fait baisser la touche voisine, il évite cet inconvénient en frappant sur le bout de la touche.

Les inconvénients qu'on a cru trouver dans ce doigt viennent de ce qu'il est court, et qu'en entrant sur les dièses il occasionne des mouvements en dehors comme en dedans qui font replier les autres doigts, pour qu'ils ne donnent contre le devant des touches; mais comme les autres doigts occasionnent aussi des mouvements, ce serait plutôt une raison pour le travailler que pour l'éviter. Mais que les doigts dans cette position aient pu paraître gênés aux yeux de ceux qui portaient la défense, on ne s'en servait pas moins dans les temps qu'on voulait l'exclure, comme on s'en sert à présent à mesure qu'on s'introduit dans la difficulté. Il y a même des passages où on ne pourrait pas s'empêcher de le mettre, comme par exemple dans la figure 14, où toute la main est en dedans. Beaucoup auraient craint de ne pouvoir faire aisément ce passage que la main pourtant fait avec aisance. Dans les mouvements lents où rien ne semble être difficile, il serait

utile de s'habituer à l'employer, afin de l'exercer et
corriger par le travail ce qu'on pourrait trouver de
pénible et de défectueux. En examinant pourtant
attentivement la figure 14 et 15, on ne doit pas
manquer d'observer le peu de répugnance que présente le pouce à entrer sur les dièses; pourquoi
donc ne chercherait-on pas à utiliser un doigt de
plus qui viendrait en augmenter le nombre toujours
insuffisant? Dans les mouvements rapides il entre
également sans peine lorsqu'il est emmené par une
marche progressive des doigts qui a commencé par
le petit doigt ou le quatrième ou qu'on a le temps
de l'y introduire. Néanmoins, tout en citant les
avantages qu'on peut obtenir de ce doigt, il est de
toute utilité d'exposer aussi les inconvénients qui
en résultent, ce que nous ferons également pour les
autres doigts et chapitres, parce que notre but est
d'éclairer l'élève sur tout ce qui pourrait l'entraver,
afin qu'il puisse fructueusement diriger ses efforts;
ainsi nous avons d'abord remarqué que lorsqu'il
était sous les autres doigts on manquait les touches
insensiblement; nous avons attribué cela à la position gênée qui lui empêche de se lever, ainsi qu'au
peu de mouvement qu'il fait, se trouvant à fleur des
touches et parfois sur les touches mêmes, ce qui a
porté naturellement à croire qu'en s'habituant à
frapper fort toutes les fois qu'il est dans cette posi-

tion, son action ne serait pas aussi cachée et imperceptible comme cela arrive surtout lorsque l'attention est occupé par la faiblesse de quelque autre doigt ; voyez figure 16, où l'écart pénible du second doigt fait manquer le *ré* du pouce qui est dessous ; dans la figure 16 bis, l'effort que provoque l'index étant court, rend encore plus cachée et paralysée l'action du pouce, parce que l'index est comme pressé et tombe irrésistiblement sur le *ré* bémol avant qu'il fasse le *ré* naturel qu'il ne fait que faiblement.

Il est difficile de trouver sa manière de frapper, sa position naturelle lui donne une flexion vers le petit doigt ; il a aussi vers le centre de la touche un autre mouvement qui part du poignet, mais qui est indépendant de cette partie ; celui-ci, à notre avis, serait le véritable, celui par conséquent qui doit être cultivé pour frapper la touche.

Dans la difficulté, lorsque l'attention est absorbée ailleurs, le poignet et le bras lui absorbent l'action, ce qui arrive immanquablement lorsqu'il fait plusieurs touches de suite, parce que la force musculaire alors s'épuise. On évite qu'il tombe sur les noires en élidant l'index qui le précède ou le troisième, afin de le réserver pour les dièses ; mais ceci ne peut se faire qu'en descendant, voyez figure 17 et 18. On devra passer par dessous le pouce, s'il est possible, toutes les fois qu'il n'y aura que cinq notes consécutives jusqu'au repos.

L'Index.

Ce doigt est considéré comme le plus adroit, tant sur les touches noires comme sur les blanches; la grande extension que le pouce lui donne le rend d'un usage commun, et fait de grands écartements qui lui facilitent des grandes distances, sans être exposé à égarer la main; il est, par cette raison, plus apte à agir et à attaquer mieux que les autres les positions; quoique lorsqu'il s'étend trop, il a l'inconvénient de jeter en dehors du clavier le reste de la main, et d'occasionner aux autres doigts des mouvements en dehors et en dedans; il est fort et indépendant, bien qu'il soit attaché au troisième, d'où il n'a pas une aussi grande distance qu'à partir du pouce; c'est des doigts celui qui fait le mieux les trilles qu'il soutient pendant fort longtemps, et qui les multiplie par la facilité de passer par dessus le pouce, quoique Kalkbrenner prétende que cela dérange toute la main; ce serait peut-être ôter une très-grande ressource, car au contraire il accompagne la main par écartement, voyez figure 19 ; il a plus d'agilité que les autres ; étant ordinairement pointu, il tombe facilement entre les touches noires ; dans les croisements de mains, c'est celui qui attaque le mieux les notes au loin, par sa position dégagée, voyez figure 20 ; on lui fait faire souvent plusieurs notes de suite, par l'élégance qu'il donne à la main en taquinant gracieusement les touches, figure 21 ; il y a des cas où dans le croisement des mains il lui est très-difficile d'attaquer les touches sur leurs tiges et qu'il ne peut pas les frapper sur les carrés. Dans la figure 22, il est impossible en jouant vite, que dans la position cachée où se trouve la tige du *mi*, qui est déjà étroite, on ne la manque pas, en tombant sur le *ré* dièse ou sur le *fa* bécarre, sur ce dernier plutôt, par la crainte qu'on a de donner du doigt contre l'angle de la touche du *ré* dièse où on pourrait se faire mal dans des mouvements brusques. Lorsque la main passe par devant le corps pour faire des octaves, elles doivent être faites de l'index et du cinquième, parce que le pouce se trouve jeté en dehors du clavier, figure 23.

Si la position de ce doigt permet au calcul de l'introduire partout, il n'en est pas de même de sa manière de rendre la note que souvent il manque, car lorsque le troisième est sur les noires, comme par exemple sur le *fa* dièse, et que l'index doit tomber

sur le *fa* bécarre, il se trouve si éloigné de cette
touche, qu'il faut que la main s'affaisse pour qu'il
y arrive, ce qui produit un mouvement gênant;
ainsi il devra être évité dans ces cas-là, à moins
qu'on veuille le travailler, en évitant que le poignet
intervienne, ce qui pourra être observé en remar-
quant le mouvement ou l'action que prendra le doigt.

Quoique sa longueur semble être proportionnée
à tous les autres doigts, lorsque le troisième est sur
les touches blanches et qu'il tombe sur les dièses,
il devient court et les manque aussi bien que les
blanches, parce que le bras qui le fait rentrer en
dedans n'a pas été assez souple ou que le mouvement trop rapide n'a pas donné le temps à l'attention de remarquer l'intervention de cette partie qui
l'a empêché d'agir.

Comme le pouce, il se porte sur plusieurs touches
éloignées lorsque les autres doigts font des tenues
ou d'autres parties. Il n'a pas autant de force que le
troisième.

Troisième Doigt.

Il n'y a pas beaucoup à dire sur ce doigt pour ne
pas reproduire ce qui facilement pourra être dé-

duit de ce qui a été dit des autres doigts, nous l'ex-
poserons toujours comme le plus fort, comme celui
qui joue le plus grand rôle et qui se reproduit le
plus souvent; mais il n'a pas autant d'extension
que le pouce ni l'index auquel il est attaché quoique plus librement qu'au quatrième. Il fait très-
bien l'octave avec le pouce, ayant à partir de ce
doigt la même extension que l'index et le quatrième;
ainsi lorsque l'octave est précédée de deux notes
d'agrément, il les fait très-aisément, figure 23 bis,
quoique dans cette extension il chasse aussi le reste
de la main en dehors du clavier. Les doigts courts
lui occasionnent des mouvements en dedans et en
dehors, comme il en occasionne aux courts par la
même raison. Étant au milieu des doigts il ne prolonge pas la position qu'il attaque. Lorsque le
pouce est sur les noires il est obligé de se replier
pour ne pas donner contre le devant des touches;
et si dans cette position il est obligé de jouer sur
quelque blanche et que le bout est trop gros, il
baisse les touches voisines avant la blanche qui,
parfois, ne peut faire aucunement lorsque son bout
outre-passe la largeur de la tige. Sa longueur lui
fait manquer souvent les touches, car lorsque les
courts jouent sur les blanches il perd de son élévation, comme cela arrive aux autres doigts également, d'où il suit qu'il faut lever plus les doigts

pour frapper les noires lorsque la main est sur les blanches, et plus de descente pour frapper les blanches lorsque la main est sur les noires. Sa force naturelle qu'il faut modérer, paralyse dans les efforts l'action des doigts faibles, comme nous les ferons remarquer au chapitre de l'inégalité de la force des doigts. Il soutient longtemps les trilles, soit avec l'index soit avec le pouce ou en alternant avec ces deux.

Lorsque la main est trop étendue, il révèle les attaches qui se lient au quatrième et deuxième doigts par le jeu gêné qu'il a alors, comme on peut le voir dans la figure 22 bis, où il manque les deux *la* bémols et les deux *sol* bémols.

Quatrième Doigt.

La conformation de ce doigt a donné lieu à des recherches sérieuses qui, malgré qu'elles n'aient eu d'autre résultat que de le fortifier un peu, ont permis de dire que la difficulté du piano était par cela seul diminuée de deux tiers au moins, que le même doigt était la clef de la main, et qu'on pou-

vait commencer à trente-cinq ans. De vastes et
savantes théories sont venues nous confirmer dans
tout ceci, elles ont été solennellement approuvées
d'après le génie de leurs rédactions et par une
excessive bienveillance de la part de nos autorités
musicales. C'est à M. Martin et à M. Levacher D'...,
que l'art doit ces tentatives, mais le second semble
dérouler les mêmes théories du premier, qui dans
un prévoyant discernement a cru devoir omettre,
afin de mieux se mettre à la portée de ceux à qui
il adressait son appareil.

M. Levacher, il est vrai, ne cherche même pas
à déguiser la ressemblance de son appareil avec
celui de M. Martin, mais il est fâcheux pour lui
d'être forcé de présenter son digne mentor comme
incomplet, et de lui prêter d'avoir abandonné son
instrument, que réellement il a abandonné, mais
pour mieux le recommander au public qui depuis
plus de cinq ans ne cesse de lui faire l'accueil le
plus favorable et le plus lucratif.

Il serait donc injuste de prodiguer à M. Levacher D'..., notre admiration pour son invention,
sans l'usurper à M. Martin, qui cinq ans plus tôt
a parlé de l'élévation du quatrième doigt, non-
seulement par la distension du tendon fléchisseur,
mais encore par l'écartement latéral duquel M. Levacher D'... n'a pas parlé, et qui serait peut-être

le plus utile et le moins dangereux, car on ignore jusqu'à quel point il faudrait prendre en considération les craintes de M. le docteur Auzias sur l'affaiblissement du tendon fléchisseur par la distension, car bien qu'il dise que cet affaiblissement ne serait en tout cas, ni assez grand ni assez durable pour gêner en rien, pourquoi ne serait-il pas durable lorsque le tendon distendu aurait plus de peine à fléchir, et perdrait peut-être de la souplesse en perdant de la flexibilité ? Je laisse aux pianistes le soin d'observer cela par l'expérience, et de consulter les gens de l'art à ce sujet.

Quoi qu'il soit de tout ceci, il est nécessaire de dire que si dans tous ces essais quelque progrès s'en est suivi, nous devons nous en féliciter, mais si à côté de ces faibles résultats il a été permis de les exagérer, il faut que la vérité se montre de quelque part.

Nous joindrons notre opinion à toutes les assertions qui ont été données à ce sujet, non pour en imposer par notre faible autorité, ni avec cette partialité qu'on suppose entre collègues, mais pour éclairer la judicieuse comparaison de ceux qui chercheraient la vérité de cela.

Nous croyons avec l'anatomie qu'il existe des brides qui lient les doigts, afin de leur donner de l'union et de la force, et que le quatrième spéciale-

ment a ses brides plus près de son articulation, ce
qui le gêne, le rend faible et l'empêche de se lever.
C'est dans ce défaut d'élévation qu'on a concentré
tous les efforts, c'est donc la question que nous
prendrons pour la mettre à sa véritable place. Les
auteurs de ces théories ont prétendu que le quatrième doigt ne peut se lever sur la touche pour la
frapper, mais ils ont dit aussi qu'il agissait conjoin-
tement avec le troisième et le cinquième auxquels
il est étroitement attaché, or, s'il agit conjointe-
ment, il doit indubitablement s'élever avec eux et
autant qu'eux, voilà donc une élévation plus que
suffisante. J'admets que, lorsque ses voisins sont
collés contre les touches il n'ait pas le même jeu,
mais quel avantage résulterait-il dans le cas contraire? celui de frapper la touche à plusieurs reprises. Je ne pense pas qu'aucun compositeur en
tirât un plus grand parti : alors, bel avantage, payé
si cher en frais de volonté et de bourse dans les
hauts prix qu'on a attachés aux appareils; et supposé que ce doigt n'eût pas assez d'élévation, si
ces auteurs avaient consulté l'expérience de l'art,
ils auraient trouvé certainement un argument puissant dans l'adresse du poignet, qui remédie au
défaut d'élévation d'une manière si aisée et si imperceptible, qu'elle a échappé à leur œil vigilant
et attentif. C'est sans contredit ce qui arrive lorsque

les doigts courts sont éloignés des touches, comme
lorsque les longs ont besoin de s'élever par la position basse de la main que le poignet a affaissée pour
laisser arriver le doigt court, et en effet, lorsque
le troisième est sur le *fa* dièse, et que l'index doit
faire immédiatement après le *fa* naturel, n'y a-t-il
pas alors une grande distance du bout de l'index à
la touche blanche? Cette distance est telle que si
on n'enlevait pas le troisième du *fa* dièse, jamais
le bout de l'index ne parviendrait à la baisser sans
un léger mouvement du poignet pour affaisser ou
pour incliner la main, et si le troisième vient de nouveau tomber sur le *fa* dièse, il s'ensuivra par conséquent un autre mouvement d'élévation de la main.

Si ces vérités ne peuvent être révoquées en
doute, on viendra forcément à cette conclusion
que tous les doigts sont ou trop courts ou trop
longs, qu'ils sont égaux en élévation par l'adresse
des mouvements du poignet; nous dirons plus, que
le quatrième dont la longueur est proportionnée à
celle de tous les autres doigts, est celui qui a le
moins besoin de cette élévation du poignet.

Non-seulemeut cette question de l'élévation nous
semble avoir cette conclusion, nous pensons encore
qu'elle ait été mal établie, car si à peine on voit
bouger les doigts de nos principaux pianistes même
au plus vigoureux de l'exécution, il est évident

qu'elle fut inutilement agitée. L'élévation d'ailleurs ne donne point la force, la volonté seule obtient ce résultat.

Il est cependant permis de frapper fort par l'élévation afin de fortifier les doigts, mais dans l'exécution où les doigts seront fortifiés, on devra éviter toute élévation qui d'ailleurs n'est pas l'action de la force de la volonté, mais plûtôt un effet de la chute élevée du doigt.

L'usage si fréquent qu'on en fait par rapport aux avantages qu'il a et le voisinage du cinquième qui est un des plus faibles, ont plutôt donné lieu à cette faiblesse apparente; sa force naturelle, et celle qu'on acquiert par le travail, lui acquiert beaucoup de force, témoin cette pléiade des talents sublimes qui sans le secours des appareils sont arrivés à un degré de talent qu'il n'a pas été facile d'égaler depuis cinq ans qu'ils ont été inventés.

Bien que le quatrième doigt soit gêné dans les tenues lorsqu'elles sont faites par ses deux voisins à la fois, lorsqu'il a les brides à sa disposition, il ne manque pas de force et d'autres avantages que nous énumérerons et qui le feront égal aux autres doigts, sauf quelques légers incidents qui l'empêchent de tomber sur certaines touches, comme par exemple dans la figure 24 où la faiblesse du cinquième, jointe à la crainte de manquer la touche,

l'empêche d'entrer sur la tige du *fa* double dièse;
autrement, sa longueur proportionnée, comme
nous avons dit, à tous les autres doigts, ne lui
occasionne pas de mouvements en dedans qui
puissent déranger la main, elle lui permet d'attaquer facilement en descendant les positions qu'il
prolonge par la place qu'il occupe. Figure 25. Il
s'assied aisément sur les dièses, ce qui le fait préférer par les petites mains au cinquième dans les
octaves, tant par son bout rond et large, comme
pour éviter les mouvements divers dans le passage
des touches blanches ou noires, et assurer la main
en procédant par le passage successif des doigts de
la blanche à la noire ou vice versa, comme cela à
lieu dans la figure 26; d'un autre côté, il a l'avantage, dans les octaves, de se trouver naturellement
sur la touche noire, lorsque le cinquième est sur
les blanches.

Quoique Czerny défende de faire passer les quatre
longs doigts par dessous, je ne m'appuierai seulement de cette règle d'Hers dans sa Méthode qui dit :
que le troisième peut passer sur le quatrième; je
dirai que ce doigt par la flexion qu'il a vers le
pouce, et étant plus court, peut toucher la blanche
qui vient en montant après la noire que tient le
troisième, comme par exemple lorsque ce dernier
dans la main droite tient le *do* dièse, le quatrième

peut s'introduire sur le *do* naturel sans que le troisième quitte le *do* dièse; ainsi on nous permettra
sans doute de dire que lorsque le troisième est levé,
le quatrième peut passer par dessous par la flexion
qu'il a vers le pouce. Il en est de même du troisième
pour passer sur le quatrième, quoiqu'il faut pour
cela coucher le quatrième sur son ongle et pousser
par la force du poignet le troisième sur la touche
noire.

Il nous est bien difficile de croire avec Kalkbrenner que le passage du quatrième doigt sur le cinquième donne à la main un air disgracieux, car
sans citer beaucoup de pianistes qui trouvent élégante la position de la main lorsqu'il fait des octaves
sur les dièses, nous ne pouvons pas nous empêcher
de voir la sûreté avec laquelle il procède dans les
marches chromatiques, exemple figure 27.

Ce doigt fait avec le pouce des gammes en sixtes
et en octaves qui donnent plus de sûreté à la main
qu'avec le cinquième ; il ne fait pas traîner les doigts
longs sur les dièses comme ce dernier, il les tient
haut par sa longueur, et les relève des touches.
Lorsque dans la main gauche on fait le *la* avec le
pouce et que le quatrième est obligé de faire après
le *si* en montant, afin de ne pas égarer la main, on
fait faire à la main un tour du poignet sans quitter
le pouce du *la*, la main alors rentre en dedans, et

il est difficile que par le mouvement qu'on fait on
ne baisse pas le *si* bémol; il faudra dans ce cas
détacher le pouce de la touche, afin de donner plus
de liberté pour frapper sur le carré de la touche.
Lorsque la main passe par devant le corps, elle
jette les autres doigts en dehors des touches et paralyse leur action; il faut donc l'éviter dans ces cas-
là. Sa manière de frapper est gênée, le poignet, si
on ne se méfie pas, intervient et lui enlève son
action dans les dièses où son élévation est diminuée
quoiqu'il lui en reste suffisamment pour frapper.
Lorsque la main gauche est obligée de faire des
octaves sûr le *sol* dièse au-dessus de la cinquième
ligne de la clef de *sol* avec ce doigt et le pouce, il
jette par sa longueur celui-ci en dehors, et quand
même on tournerait le poignet, la distance serait
plus courte qu'avec le cinquième qui est au niveau
de la longueur du pouce, ainsi dans cette position-
là on ne fera les octaves qu'avec le cinquième et le
deuxième. Il en sera de même de ces traits qui don-
neront des positions semblables.

Cinquième Doigt.

Quoique ce doigt soit libre d'un côté et que de

l'autre il ne soit pas aussi étroitement attaché que
le quatrième, il est faible parce qu'il est court et
mince et qu'il est sur une partie où le peu d'usage
manuel que nous faisons n'a pas fait affluer la force
musculaire ; encore le poignet lui enlève sa force
par l'action qu'il prend dans le mouvement qu'il est
obligé de faire pour pousser la main en dedans, afin
de le faire arriver aux touches desquelles il est toujours éloigné ; la flexion qu'il a vers le pouce lui
permet de passer sous le quatrième, lors même que
ce dernier est fixe sur les touches ; c'est de cette
manière qu'il peut faire des gammes chromatiques
en descendant de la main droite, et vice versa de
la main gauche, figure 28. C'est par cette raison
que le quatrième peut passer par dessus le cinquième ; mais il faut que le quatrième tombe toujours sur les touches noires ; ainsi ce doigt sert également à multiplier les autres, bien que Bertini dise
que le pouce seul sert à multiplier. Quoique le quatrième en tombant sur les dièses dans les octaves
puisse lui éviter les mouvements en dehors et en
dedans, il est nécessaire de l'employer lorsque dans
les accords les doigts sont trop écartés ou qu'il y a
cinq notes.

La défense de mettre le pouce sur les touches
noires avait atteint aussi le cinquième par les mêmes
motifs ; ainsi nous combattrons cela par les mêmes

raisons que pour le pouce, car on peut très-bien mettre le cinquième aussi sur les dièses lorsque le mouvement est lent, comme on peut le voir fig. 29. Il est indispensable de mettre le cinquième dans le *fa* dièse de la figure 30, car si on mettait le doigter de dessus on dérangerait trop la main en faisant trop de positions. D'ailleurs, après un repos on a le temps et la facilité de mettre sur les dièses tant le cinquième doigt comme le pouce, pourvu qu'on soit au-dessus de la crainte; ainsi le seul qui peut faire ici le *fa* dièse est le cinquième.

Le précepte de Kalkbrenner dans sa Méthode qui dit : que le cinquième doigt ne doit jamais s'employer sur les noires après la blanche dans les octaves, semble faire exception dans la figure 31, car il est impossible de le faire aussi aisément avec un autre doigter.

L'écartement de ce doigt est trop pénible par rapport à sa faiblesse.

S'il ne faut pas mettre de côté ni le pouce ni le cinquième doigt, il ne faut pas non plus en abuser, car, quel que soit le résultat du travail le plus persévérant, il ne saurait durer plus longtemps que les efforts lorsque la nature revendique ses droits.

C'est le doigt qui trille le moins, cependant cet exercice avec le quatrième fortifierait tous les deux et les rendrait indépendants.

Si par sa faiblesse il n'attaque pas aussi aisément que les autres les positions, il les prolonge davantage, parce que se trouvant à l'extrémité de la main il présente cinq doigts avant qu'il se reproduise ; rien ne s'oppose à lui faire attaquer les positions qui viennent après des repos.

Du Poignet.

La relation qui existe entre les mouvements des doigts, du poignet, du bras et même du corps, est si intime, que lorsque les premiers manquent de la force, le second lui en prête, et lorsque celui-ci en manque le troisième intervient, ainsi que le corps lorsque ces trois parties l'ont épuisée.

Et comme de ces trois parties celles des doigts est la plus faible, on comprend combien il doit être difficile dans la difficulté d'empêcher qu'ils reçoivent du secours ; il doit être difficile également de la développer, attendu que ces trois parties doivent se fortifier dans les moments où elles contribuent à notre insu.

Considérant que les faits cachés que nous expo-

sons sont difficiles non-seulement à comprendre,
mais à observer, nous allons citer les divers cas où
on doit se méfier de cette intervention. Ainsi, nous
croyons 1° que lorsque les doigts sont écartés, ils
perdent de la force et de la liberté pour frapper,
figure 32; le passage ne peut jamais se faire avec
autant d'aisance que le passage du n° 32 bis, parce
que dans cette position ils sont obligés de frapper
obliquement et doivent réclamer l'assistance du poignet; 2° la difficulté de saisir la manière de frapper
des doigts; 3° lorsque leur force s'est épuisée par
les efforts que provoque la difficulté; 4° l'habitude
de se servir du poignet soit pour faire les accords
qu'on ne peut faire des doigts, par rapport à leur
flexion latérale qu'ils ont vers le centre de la main,
pour étreindre ce qu'on prend, quand c'est, par
exemple, une poignée de dragées, etc., 5° soit pour
accentuer les notes, ainsi que la propension à vouloir faire en inclinant la main d'un seul mouvement
du poignet, les accords brisés de septième et ceux
où les doigts sont trop écartés, soit dans l'impossibilité de faire agir les doigts, ou prenant cela, comme
beaucoup le font, pour un mouvement élégant.

Tant de motifs doivent rendre ordinaire l'usage
du poignet au détriment de l'action des doigts, si
on n'applique pas une attention sérieuse, surtout au
commencement où les nombreux embarras nous dé-

tournent l'attention et empêchent de le combattre comme de l'observer.

Dans les accords et les octaves il faut combattre l'intervention du bras, et que le poignet seul contribue. On comprend facilement son jeu ou sa manière de frapper par le mouvement apparent qu'il fait; il est utile de lui donner au commencement une certaine élévation en frappant pour saisir sa véritable manière d'agir.

Le professeur cherchera à observer avec soin ce mouvement chez les commençants, parce que d'eux-mêmes ils ne le remarqueraient jamais; ils en feront de même pour les doigts, afin d'empêcher alors cette élévation.

Cette partie ne manque pas alors de la souplesse et de la rapidité, elle fait très-vite les octaves et les accords, qui produisent des effets animés, gais, grandioses et extraordinaires. Dans les notes piquetées, lorsqu'on les fait du même doigt, il doit intervenir, ainsi que lorsque les doigts sont obligés de faire avec rapidité de neuvièmes, dixièmes, etc., figure 33.

Du Bras.

Malgré toute l'attention que demande cet organe,
qui est toujours disposé à se prêter à la faiblesse
des doigts, dans l'usage si commun qu'on est obligé
d'en faire, personne ne s'en est occupé, seulement
il y a eu des auteurs qui ont prétendu qu'il ne fallait pas s'en servir d'autres ; et parmi ceux-ci, Herz
qui s'appuie de l'école allemande, qu'on pouvait
s'en servir dans les passages vigoureux en octaves.

Les recherches auxquelles nous nous sommes
livrés, nous portent à croire qu'il est très-dange-
reux au contraire de s'en servir autrement que pour
porter la main au loin, car étant lourd il dépense
beaucoup de force musculaire, se fatigue tout de
suite, et fait intervenir le corps qui finit par épuiser
toute la force que les doigts ne retrouvent plus
après.

Il est d'autant plus dangereux qu'il fasse trop de
mouvements, que les distances qui sont ce qu'il y
a de plus difficile, ce qui éprouve le plus la patience du pianiste, ne se font pas aussi facilement
s'il est obligé de faire le mouvement pour tomber
sur la touche.

Encore si la force du poignet ne suffisait, il en

devrait être autrement ; mais comme il est incontestable que le poignet possède plus de force qu'il ne faut pour faire rendre à l'instrument toute la puissance de son qu'il est possible de rendre, et qu'il est plus souple, plus agile, et ne dépense pas autant de force, on doit donc sans hésiter éloigner son action, surtout lorsqu'on pense à la manière facile et cachée dont il se prête avec complaisance aux doigts.

Les commençants ne sauraient jamais détourner son action, tant elle est imperceptible et aisée, car pour que le doigt frappe librement, il faut qu'il produise une certaine élévation qui lui fait craindre de manquer la touche, tandis que le bras par sa force et sa longueur tombe sans se lever beaucoup ; ainsi cet avantage qui est mis à profit avec empressement par l'élève, et la grande intimité qui existe entre ces organes ainsi que le malaise qu'on éprouve lorsqu'on tient la main en l'air, ce qui fait dédaigner à l'élève la peine des fausses notes, empêche totalement le développement de la force des doigts. Je le répète, il faut prendre garde de s'en servir, car le moindre exercice fortifie tellement cette partie, que la patience la plus ferme ne suffit pas pour l'observer sur toutes les notes qu'on fait ; la seule manière de l'attraper.

L'attention ne devra pas moins être portée aux

doigts qu'au poignet, car la crainte de manquer les touches dans l'élévation qu'il produit provoque insensiblement l'action du bras.

Il est cependant indispensable dans les passages où il y a des tenues comme dans la figure 34.

Il serait peut-être permis aussi dans les basses des accompagnements de la main gauche qui se trouvent à des grandes distances; mais nous n'osons pas trop recommander cela, dans la crainte de lui donner trop du jeu dont il sait se prendre naturellement.

Le maître qui voudra concentrer toute l'action dans les doigts devra observer s'ils font des mouvements d'élévation; car ce n'est qu'alors qu'ils en feront les frais.

Le mouvement d'élévation du poignet fait dans les octaves tomber les trois longs doigts sur les noires avant de baisser les blanches, le bras dont l'élévation n'est pas si grande retient ces trois doigts en l'air, et cette raison le fait préférer au poignet; mais cet inconvénient n'arrivera pas si on tient bas ce dernier.

On comprend que dans l'emploi si fréquent qu'on est obligé de faire du bras pour porter la main aux distances, il soit très-facile qu'il tire insensiblement le doigt d'embarras si on ne s'en méfie; surtout lorsqu'on pense à cette impatience irrésistible chez les pianistes, de vouloir toujours presser le mouvement plus que ne le permet la force des doigts.

Il doit conserver la plus grande immobilité, sans raideur, pour qu'on puisse mieux faire les distances, car si elles sont justes le poignet ne peut pas manquer les touches, quel que soit le mouvement qu'il fasse.

On se sert de l'arrière-bras pour glisser les doigts sur les touches blanches, lorsqu'ils sont sur les noires; pour cela, on n'a qu'à pousser en dehors l'avant-bras. Voyez figure 35. Ce moyen produit un effet particulier par l'accentuation de la seconde de chaque deux notes.

Ce n'est donc que par une active surveillance qu'on peut faire la part qui revient à chacune de ces trois parties, afin de ne s'en servir que dans les cas précités et donner pleine liberté aux doigts dont les mouvements sont plus sûrs et plus nécessaires que ceux du poignet, comme ceux du poignet sont aussi plus sûrs que ceux du bras. L'usage du guide-main serait incontestablement très-utile pour préserver les doigts ainsi que le poignet des empiétements du bras, la partie la plus à craindre.

Manière de frapper la Touche.

Nous voici à un des chapitres le plus important, qui comporte le succès du piano. En effet,
si la difficulté n'est pas vaincue, c'est parce que le
doigt ne répond pas à l'appel par sa manière défectueuse de frapper, et si sa force n'est pas développée, c'est parce qu'on n'a pas rompu l'étroite
intimité qu'il a avec le poignet et le bras. Il ne suffisait pas d'avoir fait la part qui revient à chacune
de ces trois parties, il fallait pour saisir les mouvements abstraits des doigts et les faire frapper
avec indépendance, exposer les diverses conditions
qu'on doit remarquer.

Pour que le doigt frappe sans le secours d'aucune autre partie, il faut y concentrer fortement
l'attention afin de bien diriger les efforts et d'y faire
affluer la force motrice, le raidir comme si de lui-
même il voulait appeler cette force, le faire tomber
lourdement sur la touche comme un poids de deux
livres et en l'enfonçant avec pesanteur. Il faut lever
haut les doigts pour fouetter les touches de manière
que le son de la chair s'entende, car le doigt en
frappant fort s'allonge et s'aplatit sur la touche, et
présente la chair afin de ne pas se blesser le bout par

le coup brusque. C'est surtout lorsqu'on va vite qu'on doit fixer l'attention vers les doigts faibles et s'arrêter pour voir si le mouvement a été franc.

D'autant plus que les doigts ne frappent aisément si on ne s'arrête un peu plus que dans les autres. Il y aurait peut-être un autre moyen encore plus sûr et plus efficace pour concentrer l'action dans les doigts, ce serait de les échapper de la touche après avoir frappé comme si on voulait toucher après la paume de la main avec le bout, en frappant aussi fort qu'on pourra et sans enfoncer ni même toucher beaucoup la touche ; cela, il est vrai, pourrait paraître gênant et ennuyeux pour les commençants, qui craignent toujours d'égarer les doigts dans les grands mouvements qu'ils sont obligés de faire et par la crainte de se faire mal en frappant de l'ongle; mais c'est la seule manière de se garantir de l'intervention du poignet et du bras, et de faire comprendre à l'élève la véritable manière de procéder à cet égard. Les résultats inattendus que j'ai obtenus par ce moyen m'ont fait connaître que c'était la véritable manière de frapper; je puis citer un de mes élèves qui n'ayant jamais connu le piano, après avoir fait des gammes, des accords brisés et des exercices, par ce procédé, profita tellement, qu'au bout d'un an il me gratifia d'une généreuse concurrence. Ceux qui craindraient que le genre

staccato qui résulte de cette manière de frapper
donne le jeu sautillant, peuvent se rassurer, car ce
même élève eut après un goût prononcé pour
l'orgue qu'il travailla avec succès, le genre lié
semblait même lui convenir beaucoup, puisqu'il
s'exerçait tous les jours sur le piano quoiqu'il ne
manquât pas de travailler toujours en échappant
les doigts sur les dièses, dans les écartements et
lorsque la main est dedans. Et puis, on n'a qu'à se
présenter devant un morceau difficile pour faire
disparaître cette tension des doigts à vouloir sau-
tiller, à moins qu'on ne soit irrésistiblement porté à
sentir plutôt le genre lié ; toujours les mouvements
des doigts se corrigent à la fin et deviennent imper-
ceptibles. Ce moyen devient plus indispensable sur
les dièses, où les doigts en perdant de leur élévation
transmettent au poignet ou au bras le soin de baisser la touche. Le quatrième surtout réclame de
l'attention dans ces cas-là. Avant de jouer en public, j'ai pris l'habitude de réchauffer mes doigts
de cette manière ; je sens toujours que cela leur
donne de la souplesse et de la vigueur. La nécessité
de cette manière de frapper se sent plus puissamment pour le pouce et le cinquième doigt dont l'indépendance est le plus sûr résultat. Je fais faire
tous les jours à mes élèves des exercices d'accords
renversés sur toute l'étendue du clavier, par ce

même moyen, je leur fais frapper fort afin que le mouvemeut soit plus libre et plus indépendant.

Beaucoup de professeurs prétendent qu'on doit tenir le poignet haut afin de donner à la main une forme arrondie et mignarde; cette position est plutôt nuisible à l'exécution; elle ôte la force aux doigts courts, diminue celle des longs en leur faisant frapper en même temps de l'ongle, et provoque l'action du poignet et du bras, en occasionnant des mouvements qui font affaisser et lever la main; ainsi quelque élégante que puisse paraître cette manière de frapper pour certaines personnes, cette élégance doit disparaître devant l'urgente nécessité de remédier à tous ces inconvénients; on doit tout simplement courber les doigts longs afin que les courts puissent librement enfoncer les touches et s'y asseoir sans baisser ni lever la main.

Nous avons vu dans le chapitre du poignet que les doigts avaient une flexion vers le milieu de la main, cela n'arrive qu'au pouce et au cinquième doigt ainsi qu'au quatrième tant soit peu; tous les autres frappent droit : ainsi dans les accords où il n'y aura aucun de ces doigts, il ne faudra pas jouer du poignet, mais des doigts. Figure 36.

Le grand mouvement d'élévation du doigt est encore une condition pour connaître si le mouvement a été franc. Si dans la difficulté les mains

s'en vont du clavier, soit par l'action du bras ou
par la crainte de faire faux, il faut chercher à combattre cela en les y attachant fortement par la manière vigoureuse d'attaquer la touche du doigt; ce
défaut est ordinaire à un grand nombre de pianistes,
on ne saurait trop apporter du soin, parce qu'il en
résulte un jeu inégal qui s'éteint et s'anime tour à
tour, et qui se voile et disparaît comme le temps
lorsque les nuages opèrent des changements subits.

Du développement de la force des doigts.

Il ne suffisait pas d'avoir concentré la force dans
les doigts, il fallait la développer et observer qu'il
y a deux mouvements différents qui se gênent et
qui demandent par conséquent deux forces différentes, celle qui est nécessaire pour frapper sur la
touche et celle des écartements pour tenir ouverts
les doigts; elles ne se développeraient jamais si on
ne faisait que poser les doigts sur les touches; mais
comme plus grands sont les efforts qu'on dirige
vers une partie, plus de force musculaire y afflue,
il est de toute nécessité de frapper fort et de bien

asseoir le doigt sur la touche : et tout le monde sera
porté à cette conséquence, que plus fort on frappera,
plus tôt la force affluera et avec plus d'abondance.
Nous avons parlé dans le chapitre précédent de
l'attention qu'il fallait pour la bien diriger, car elle
affluera incontestablement vers la partie qui la rece-
vra, selon le degré d'action qu'elle y mettra.

Je ne dissimulerai pas la difficulté pour le commençant de frapper fort, par rapport à l'élévation
des doigts qu'on craint d'égarer des touches, et
dont le mouvement et l'attention qu'on est obligé
d'apporter afin d'éloigner toute intervention d'une
autre partie, exige du temps et disloque le chant,
ce qui l'impatiente ; aussi comprenant combien il
est juste de lui passer l'impatience de produire le
sens musical, je le laisse aller parfois, et je lui fais
strictement observer cela dans les renversements
brisés de treize accords, dans les successions et les
cadences, etc., ainsi que dans les gammes et les
exercices que je lui fais faire tous les jours avec le
guide-mains, craignant toujours l'importunité du
bras. On ne doit pas cependant le laisser aller dans
la difficulté, il vaut mieux qu'il aille lentement s'il
ne veut pas égarer les doigts en tapant fort.

Je leur fais faire également tous les jours des
accords de dixième, onzième, etc., plus que ne
comporte la longueur de la main, afin de l'élargir

et de la fortifier par les efforts qu'ils sont obligés de faire en voulant faire arriver les doigts sur les touches. On trouvera de ces accords à la fin de la Méthode de Bertini.

De cette manière, je parviens à détruire cette seconde force qu'emploient les doigts pour se tenir ouverts dans les écartements, que je facilite également en faisant mettre le poing d'une main entre les doigts de l'autre pour les élargir en l'enfonçant; je leur fais faire aussi des trilles très-écartés avec des tenues où les doigts s'écartent beaucoup, voyez figure 37 pour les petites mains et 38 pour les grandes ou celles qui s'élargissent; on prend une de ces mesures et on la travaille tous les jours; on prendra tour à tour les deux doigters qui sont marqués. Ces exercices deviennent beaucoup moins ennuyeux que les appareils, parce que l'élève se trouve en face du clavier, et parce que je leur varie en en faisant un peu avant la leçon et autant après. Mais après avoir vivifié les doigts autant qu'il est possible de les vivifier, je ne suis pas aussi heureux que M. Martin, pour abréger comme il dit par son appareil la difficulté du piano au moins des deux tiers du temps qu'on employait jusqu'à présent.

Il est vrai que je parviens à l'abréger de beaucoup et peut-être par un moyen plus efficace; mais l'étude des différentes positions où se trouvent les doigts par rapport à leur différente conformation, ainsi que par rapport à la position où les jette la différence des touches, nous a fait comprendre quelle est la véritable difficulté du piano, et que le meilleur des appareils est peut-être le clavier.

Tous ceux qui ont été inventés jusqu'à ce jour ont obtenu sans doute les résultats qu'ils se sont proposés, par rapport à la connaissance superficielle de la main, mais non du piano et des autres difficultés qu'on ne peut remarquer que par une patiente observation et l'expérience de l'art. Tous ne révèlent pas certes une étude sérieuse de l'action des doigts; ainsi les bagues de Listz tendent à les fortifier en les faisant combattre le poids qui leur pèse, mais elles ne leur empêchent pas l'action du poignet ni du bras et leur gênent le jeu dans les distances de seconde ainsi que dans le passage des doigts par dessous et par dessus. Le Dactilion ou clavier-muet ne semble que le clavier du piano, mais où on peut effectivement fortifier les doigts dans les pénibles positions où ils se trouvent, si on pouvait également se garantir du bras et du poignet. Le guide-main serait celui qui révèle une étude plus approfondie, mais encore il ne parvient pas à détruire l'action du poignet. Vient après le pompeux Chirogymnaste avec sa famille d'appareils, ses théories et ses hautes approbations, mais qui n'est pas plus heureux que

les autres en face du clavier pour rendre libre et
indépendante l'action des doigts, à moins qu'on ne
s'exerce un ou deux ans avant de se mettre au
piano ; encore, comme nous l'avons prouvé, si on
ne frappe pas fort, la force musculaire ne peut pas
affluer, et si on voulait faire sur le Chirogymnaste
un exercice aussi forcé, on le démantibulerait incontinent, ou le bruit que cela occasionnerait finirait
par fatiguer l'oreille, car une fois que l'action du
poignet et du bras s'est attachée à celle des doigts
il est difficile de s'en défaire, et encore je doute
qu'après un exercice de deux ans on pût s'en garantir en face du piano, car toutes les fois qu'on se
trouve vis-à-vis la difficulté, quel talent qu'on ait,
on tombe dans les mêmes vices des commençants.
En dernier lieu se présente la méthode instrumentale
raisonnée de M. Levacher D'..., qui est un petit
appareil semblable à un livre, sur lequel étant à
demi ouvert, on enfourche le quatrième doigt, afin
de faciliter son élévation en le forçant vers le sens
de cette élévation par l'ouverture dudit livre ; mais
ici, comme nous avons dit ailleurs, malgré le regret
d'avancer notre opinion, nous sommes forcé d'a-
vouer que le même but a été traité de la même manière par M. Martin. M. Levacher D'... a pu conce-
voir cette idée avant, mais en considérant la date
des conseils qu'il demande à M. le docteur Auzias,

6

qui est de 1846, on éprouve une légère répugnance
à le croire.

On trouve, du reste, dans son exposé, quelques
avis qui pourront être utiles, nous ne manquerons
pas de les insérer dans notre ouvrage.

Nous ne pouvons donc voir dans les divers appareils aucune nécessité aussi urgente que dans le
guide-main, afin de suppléer à cette attention assidue
que demanderait la difficulté de saisir l'action du
bras, qu'on doit pourtant surveiller aussi afin de ne
pas lui donner de la raideur en allant aux distances,
ni trop d'élévation. Il est pourtant juste de dire que
le Chirogymnaste est très-ingénieux, et je ne doute
pas qu'il puisse être de quelque secours aux doigts;
mais les continuelles dépenses qu'occasionne l'enseignement du piano, rendent cher pour beaucoup
de personnes l'achat de cet instrument. Le guide-
main, plus proprement appelé à mon avis guide-
bras, se recommanderait à tout le monde, quand ce
ne serait que par la facilité de se le procurer, ne
consistant qu'en une seule barre qui serait posée au
niveau des touches noires à la distance de quatre
doigts environ du clavier, afin de reposer l'avant-
bras pour remarquer quand il frappe contre cette
barre, car alors il sera surpris d'avoir contribué
sans besoin; on pourrait encore ajouter une barre
de plus pour emprisonner totalement le poignet des

commençants, mais il faut le faire de manière que les mouvements en dedans et en dehors puissent se faire aisément.

Je comprends que ne jouissant pas encore de la liberté de discussion en fait de musique, j'ai eu peut-être de la témérité de censurer les diverses inventions sorties du génie de nos premiers talents, mais il m'est impossible de voir dans cette question autre chose que l'absence de la force musculaire dans les doigts lorsque le poignet et le bras la leur enlèvent. Tous les pianistes pourront observer qu'on ne se fatigue jamais du piano lorsque la musique qu'on exécute ne provoque point des efforts, jouerait-on des jours entiers, mais ils n'ignoreront point non plus qu'à peine on entame la difficulté, la fatigue ne se fait pas attendre deux minutes. Pourquoi? parce que la difficulté étant au-dessus de la force de nos doigts, ils sont obligés dans les efforts qu'ils font, d'emprunter à la partie la plus immédiate, qui est le poignet, de la force pour les mouvoir; le poignet, dont la fatigue ne se fait pas attendre à son tour, appelle le secours de la partie la plus immédiate qui est le bras, dont la relation avec le corps fait aussi intervenir cette dernière partie qui épuise aussitôt toute la force musculaire. Je fonde cette importante vérité sur le peu de mouvement que font les doigts lorsqu'ils sont fatigués; le

bras fait tout alors, il frappe la touche comme on la
frapperait avec une tige de bois dont le bout est
aussi inerte que l'inertie qu'ont les doigts ; alors il
est impossible de croire dans une conséquence inévitable que le quatrième soit la clef de la main,
mais que cette véritable clef se trouve plutôt dans
l'intervention du poignet et du bras qui ont absorbé
la force aux doigts qui, dans la difficulté, ont pro-
voqué cette intervention. Nous pourrons encore
prouver ceci plus clairement dans le dernier chapitre.

Ayant cependant assez bien établi que le quatrième n'a pas besoin de cette élévation tant prônée
depuis six ans, comme nous le prouve la manière
d'exécuter de nos premiers pianistes; que cette élévation se fait de la manière la plus aisée par le
moyen du poignet; que les doigts ne manquent pas
de la force lorsqu'on est parvenu à détruire l'intervention du poignet et du bras; que la difficulté au-
dessus de nos forces est la cause qui provoque cette
intervention : nous pouvons dire consciencieuse-
ment, que dans cette revue critique des appareils,
nous n'avons pas d'autre intention que celle d'exposer la vérité dans toute la force que nous la sen-
tons. Celui qui interpréterait autrement notre théorie, en profitant de la même liberté avec laquelle
nous l'exposons, nous fera un sensible plaisir de

donner un développement mieux fondé à nos matières, notre but étant de nous éclairer sur ce point
plutôt que d'attaquer l'intérêt de personne; d'un
autre côté, il ne m'était pas permis de trahir mon
opinion contre l'intérêt de l'art. Moins sévère d'ailleurs que Bertini, qui ne donne aux appareils qu'une
utilité apparente, et qui ne les considère que dans
un but orthopédique, je ne conteste pas cette utilité, bien que dans l'adresse des mains on puisse
obtenir les mêmes résultats. Je ne vois pas non plus
quels sont les vices d'une mauvaise direction que
les appareils peuvent corriger, selon le même auteur, ni quel est le rapport que ces vices-là peuvent
avoir avec leurs différentes parties.

Mais si l'intervention du poignet, du bras et du
corps est si redoutable, la force que donnent les
appareils doit être insuffisante, elle sera nulle pour
lutter contre ces trois parties; il faudrait faire passer
dans les doigts toute la puissance de vie de tout le
corps pour soutenir un pareil combat. Voilà la véritable faiblesse des doigts. Pour la difficulté d'atteindre les touches, nous nous étendrons au chapitre des distances, où nous répondrons en même
temps aux six difficultés dont parle M. Levacher
D'....

De l'Écartement.

La difficulté d'apprécier la distance qu'il y a d'une touche à l'autre, pour laquelle l'esprit n'a rien de positif et procède comme par instinct ou d'une manière fort vague, rend indispensable l'écartement qui permet d'agir avec des moyens plus raisonnés et plus sûrs, parce que par l'écartement on conserve, en allant à la distance éloignée, le doigt précédent sur la touche, de laquelle on déduit la distance de la touche qu'on cherche ; ainsi, on laisse celui qui vient de frapper, pour que l'autre puisse mieux s'écarter sans s'égarer, voyez figure 39 ; si on mettait le doigter d'en haut il y aurait deux positions, la première du premier *si* au premier *fa,* et la seconde dans tout le reste des notes ; dans celui d'en bas il n'y en a qu'une, le doigter offre moins de calcul, la main a plus de sûreté par la conduite des doigts, qui se transmettent mutuellement les notes par l'écartement, et on n'a pas à attaquer deux fois du cinquième, un des doigts le plus maladroit, à cause de la position cachée que lui donne la main, de sa petitesse, et que de lui-même il manque de jeu pour s'approcher de la touche afin de diminuer la distance et de rendre sensible au calcul son arrivée ou son emploi. Il est vai que l'écartement diminue la force et l'adresse des doigts, comme on peut le voir dans la figure 39 bis, où le troisième perd de son adresse; mais quelque vicieuse que puisse paraître cette manière de jouer, les motifs que nous avons énumérés doivent la rendre indispensable à chaque moment. Par l'écartement donc nous évitons cette mobilité continuelle de la main, et donnons cette sûreté dont elle est toujours menacée de perdre dans les passages où les notes sont éloignées les unes des autres d'une tierce, d'une quarte, etc.; on comprend que si la main ne s'ouvrait pas, elle serait obligée à chaque deux notes de changer de position, et alors si la phrase marchait par quartes, il n'y aurait que le cinquième et deuxième doigt qui travailleraient pendant la durée de toute la phrase, et encore il faudrait une étude particulière pour ne pas manquer les distances, et puis s'il y a différents intervalles mêlés on est arrêté à chaque instant par le choix des doigts qu'il faut mettre, tandis que par l'écartement on fait suppléer les doigts; on détruit le calcul qui en résulterait, en les faisant marcher par l'ordre naturel. Tout ceci, joint à la peine que donne la crainte de faire faux, augmente les complications que les pianistes, même les plus forts, évitent par ce moyen-là lorsqu'ils se trouvent en face de la difficulté.

Lorsque je fus fatigué de la poitrine, je souffrais toutes les fois que je devais faire des distances sans écartement; le mouvement abstrait et vague, joint à la crainte de faire faux, me jetait dans un malaise qui me privait parfois de respiration, lorsque ces phrases surtout étaient un peu longues. Les élèves ne pourraient jamais avancer en ne regardant pas les touches, ou ils marcheraient très-lentement, sans ce moyen-là, qui quoique gênant et vague en apparance, nous fait comprendre par l'effort que fait le doigt, si c'est la distance d'une tierce, d'une quarte, etc., qu'on tient; c'est cette raison qui les attache tellement qu'ils en abusent même, à quoi il faut remédier, parce que les doigts en s'écartant sont obligés de frapper obliquement en décrivant une ligne droite depuis leur bout jusqu'à leur centre; leur position est droite et raide, ils ne peuvent agir que d'une seule articulation aux dé-pens de la force et de l'aisance pour frapper. Les diverses règles que nous allons essayer de donner serviront à détruire les autres abus qui pourraient résulter de son emploi. 1° Les écartements qui commencent par le cinquième doigt marchent plus sûrement que ceux qui commencent par le pouce, parce que le côté du cinquième étant faible, il est

difficile de lui faire apprécier les distances au milieu du trait ; c'est pourquoi il ne sera employé
qu'après le repos où il a le temps de remédier à
tous les inconvénients qui s'opposent dans les
autres circonstances. Voyez figure 39 où nous
avons déjà exposé tous les obstacles qui empêchent
d'attaquer les positions au milieu du trait. Si le
cinquième doigt venait pourtant après le pouce, il
n'est pas aussi difficile parce que ce dernier lui sert
de conducteur en lui permettant de s'approcher de
la touche avant qu'il la quitte, tel qu'on le voit
dans la figure 40. Le cinquième doigt alors profite
de l'avantage que lui donne ledit principe. 2° Lorsque le doigt conducteur est fixé sur une touche
noire, si l'écartement est long, l'effort le tiraille
et l'entraîne sur la touche blanche voisine. 3° On
manque la touche lorsque le doigt est fixé sur les
dièses et qu'on veut frapper la note suivante sur la
tige de la touche au lieu de frapper en dehors sur
le carré ; exemple : *fa* dièse *si*, fait par le quatrième
et le troisième doigts de la main gauche, il est
difficile que le troisième doigt, dans la crainte qu'on
a de frapper sur l'angle des *si* bémols, ne tombe
pas sur le *do*, où le mouvement oblique le jetterait
naturellement. Figure 48. Dans le changement de
position cela produit la même peine que lorsqu'en
descendant par un escalier on touche quelques

degrés avec le talon du pied. Cette manière de
conduire les doigts ne constitue pas une condition
essentielle, elle ne sert, comme nous l'avons dit,
qu'à éviter les complications des sauts et des distances, et à permettre d'avancer par conséquent
plus vite dans les morceaux, avec moins de frais
d'attention, de temps et de patience ; mais comme
les doigts sont ouverts ils se prêtent moins aux morceaux rapides, si on ne les a pas bien travaillés ;
cela ne doit pas néanmoins constituer une raison
pour ne pas assez considérer l'écartement qui d'ailleurs finit par se modifier et par disparaître lorsqu'on s'est familiarisé avec les distances, et par
détacher de la touche le doigt conducteur en donnant un doigter aisé ; ensuite il n'est précisément
fait que pour les morceaux rapides, car dans les
lents où tout doit être permis, il n'est pas difficile
de changer sans écartement. Comme ce moyen de
fixer le doigt précédent provoque l'action du poignet et du bras qu'il faudra bien surveiller, je ne le
permets pas à mes élèves dans les exercices brisés
que je leur fais faire tous les jours en échappant le
doigt, parce qu'alors ils peuvent s'arrêter pour
calculer la distance, ou l'apprécier par la vue qui
n'est plus nécessaire au cahier. Je suis persuadé
que les exercices sautés doivent corriger ce qu'il
pourrait avoir de dangereux pour l'action des

doigts, tant sous le rapport du bras que sous le rapport de la raideur qu'ils pourraient contracter, parce que dans cet exercice l'écartement n'a pas lieu, les doigts étant obligés de quitter la touche à peine frappée.

CHAPITRE III.

Des Positions.

Toutes les fois qu'en écartant les doigts on ne peut pas atteindre la touche sans lâcher le doigt conducteur qui y est fixé, nous l'appellerons changement de positions, afin de pouvoir mieux traiter la manière de distribuer le doigter par positions, en prenant à la fois toute la collection des notes qui sont renfermées sous l'étendue de la main fixe, soit en écartant les doigts par conduite, soit sans aucun doigt conducteur. Figure 42, où chaque mesure est une position différente, tandis qu'à la seconde mesure de la figure 43, le troisième doigt du *mi* de la deuxième mesure place la main dans une autre position qui le met en contact avec d'autres touches et par conséquent avec d'autres distances. Les continuelles difficultés qu'on rencontre dans les changements de position, autrement dit, dans les sauts, par rapport aux nombreuses combinaisons des notes, aux complications des doigts et des touches, etc., exigent des positions les conditions suivantes : 1° Que la meilleure position est celle qui embrasse le plus de notes possible sous son étendue, soit en écartant les doigts ou dans leur position naturelle. Figure 44. Le doigter d'en bas de la figure 45, qui semblerait être très-facile sous le rapport du calcul des doigts, reproduit dans les autres octaves sur les mêmes touches est difficile, parce que la main change trop souvent de position et a une mobilité qui lui fait manquer les notes ; ainsi le doigter d'en haut serait préférable par la sûreté qu'il donne à la main. 2° Éviter de les attaquer avec des doigts faibles qui empêchent de bien apprécier la distance et retardent la nouvelle note, ou bien dans le cas qu'on fût obligé de le mettre, il faudra bien travailler les difficultés qui en résulteront, figure 46, où le cinquième doigt du *si* bémol manque souvent la nouvelle position, ce qui doit être corrigé en mettant à la place du cinquième le quatrième qui est un peu plus fort. 3° Ne pas changer en même temps de deux mains, surtout lorsqu'elles marchent en sens inverse, parce qu'alors il est très-difficile d'embrasser deux distances différentes à la fois ; on peut obvier à cela en retardant une main d'une ou deux notes, ou si on est obligé de changer en même temps, de le faire s'il est possible avec le même doigt de deux mains, car le calcul des doigts étant difficile, doit nécessairement augmenter la difficulté d'apprécier les distances. Figure 47. On a retardé ici le changement de position de deux mains d'une note, et le calcul du choix des doigts est rendu facile par le changement du même doigt dans les deux mains. 4° La position qui est attaquée au commencement d'une proposition musicale est beaucoup plus aisée parce que le changement opéré au milieu du trait disloque le chant, et quoiqu'on puisse le travailler, toujours elle altère la rondeur de la phrase, lorsque après l'avoir négligé tant soit peu on est obligé de brusquer la note qu'on craint de manquer. Elle doit finir avec la dernière note de la proposition, et s'établir de manière que le plus haut doigt fasse la note la plus haute d'une phrase, ou le plus bas la plus basse. 5° Dans les passages où les mêmes notes se reproduisent plus haut ou plus bas, on met souvent le même doigter que dans la première position, ou bien on doit les reproduire au moins en partie, afin d'éviter les complications du calcul des doigts. 6° Le changement de position sur les dièses s'attaque mieux avec les doigts longs qu'avec les courts par rapport aux mouvements en dedans et en dehors. Figure 46.

Les petites mains sont obligées de changer plus souvent de position.

Quand l'étendue de la phrase musicale se compose de six notes, il faut les faire dans une seule position en faisant suppléer les doigts par l'index par-dessus le pouce s'il est possible. Figure 48. A mesure que la main s'éloigne de son centre, les positions augmentent, parce que les doigts ne s'étendent pas autant, ou bien ils sont chassés en dehors du clavier ou éloignés des touches.

Des Substitutions.

L'insuffisance des cinq doigts qui, semblables aux cinq voyelles de l'alphabet, subissent encore beaucoup plus d'opérations, réclame tous les divers procédés possibles afin de diminuer les complications nombreuses qu'on trouve à chaque pas. La substitution est encore le moyen de les multiplier et d'éviter les sauts des distances ; elle a lieu par l'inversion, l'élision et la contraction. Par l'inversion on élide un doigt voisin par un doigt éloigné, en contractant la main pour la jeter du côté où s'étend la phrase, comme par exemple en faisant suivre au pouce qui fait le *do* le quatrième doigt sur le *ré*, afin de conduire le premier par un moyen sur le côté où il ne pourrait pas facilement manquer la distance. Figure 9. Ainsi, l'inversion ne se fait pas seulement sur une touche différente, elle se fait aussi sur la même touche, tel qu'on peut le voir dans la figure 49 bis ; il est facile de remarquer que la contraction est le contraire de l'écartement, quoique tous les deux moyens produisent dans un sens contraire le même effet qui est celui de conduire la main d'un côté ou de l'autre par la comparaison de la distance où se trouve le doigt conducteur. La substitution sert également à préparer le doigter des positions ; elle se fait très-aisément pour peu de temps que l'on ait.

Le pouce surtout, par la facilité qu'il a de passer par-dessous les autres, est celui qui substitue le mieux en montant, ainsi que le quatrième en descendant. Figure 50. La substitution donne de la sûreté à la main et joue un grand rôle dans les passages fugués où les doigts ne pourraient pas s'étendre au loin sans remplacer celui qui empêche la main d'aller de tel côté où le chant doit marcher.

Elle ne se pratique que dans les passages lents, parce que dans les rapides le mouvement est gênant, et la distance difficile à apprécier par conséquent. Le cinquième doigt ne substitue pas bien par rapport aux mouvements en dedans qu'il occasionne,

ainsi qu'à la position gênée où il met les doigts
longs par l'affaissement de la main ; sa faiblesse est
encore un motif pour le dispenser de faire des substitutions, parce que la sûreté de la main dépend de
la sûreté avec laquelle on fixe le doigt, c'est par
cette raison que la main perd cette sûreté dans la
figure 51.

Sur les touches noires il n'est pas facile de substi-
tuer, parce qu'en voulant écarter un peu de la touche
le doigt précédent, pour laisser arriver celui qui le
remplace avant de la quitter, on risque de laisser
tomber tous les deux sur la blanche. Voyez figure 52,
où le pouce, pour faire place au quatrième en lui
transmettant la touche, tombe souvent lui-même
sur le *fa* naturel. Le quatrième aussi, n'ayant pas
toute la place qu'il lui faut pour tomber juste au
milieu, et étant tiraillé par l'effet de la contraction
vers la touche *sol*, tombe parfois sur cette touche.
Il en est de même du cinquième, ainsi que des
autres doigts ; on ne peut remédier à cela qu'en
ôtant de la touche le doigt qui précède celui qui
substitue, ce qui sera un peu pénible, l'effet de
la substitution étant précisément de donner de la
sûreté à la main par la transmission des touches
d'un doigt par l'autre, ou de faciliter les distances
par le rapprochement des doigts.

7

Des répétitions des doigts et des touches.

La force des doigts qui s'épuise, non pas par les mouvements naturels et aisés des doigts, mais par les efforts que provoque le défaut d'exercice ou de travail dans la difficulté, a donné lieu au remplacement des doigts sur les mêmes touches, afin de la renouveler par l'arrivée du nouveau doigt. Exemple, figure 53 et 54, où les doigts qui font les trilles sont remplacés par le doigter de dessous.

Nous donnerons quelques règles afin d'obtenir dans les notes autant de précision que dans les coups du réveille-matin; ainsi on met ordinairement un doigt différent à chaque note du groupe, et on commence par conséquent par le doigt qui pourra en présenter la meilleure marche. Dans la figure 55, le quatrième doigt est le seul qui puisse faire la première note de chaque groupe; le même calcul existe dans la mesure après.

Cependant, comme ces répétitions ne sont pas toujours distribuées par les mêmes dessins des groupes, il s'ensuit des modifications dans le doigter. Dans la figure 56, le doigter est envisagé par le nombre des notes répétées qui se prolongent jusqu'au groupe suivant, ainsi que par rapport à l'extension du chant qui est de cinq notes.

La difficulté de faire les distances qui se trouvent entre les groupes des notes répétées exige un doigter qui facilite ces distances, quoiqu'il soit toujours nécessaire de faire autant que possible les répétitions par des différents doigts, par exemple dans la figure 57. Quoiqu'il n'y ait pas cinq répétitions, le cinquième était le seul qui pût attraper le *la* de la première distance éloignée, et réserver des doigts pour attaquer le plus commodément la seconde distance du quatrième groupe, bien que Bertini, dans sa Méthode, exclue le cinquième en le'remplaçant par le pouce qui précède le quatrième, figure 58 ; il est très-gênant pour le calcul de commencer par une succession compliquée des doigts qui demande de la contraction. Il est d'autant plus inutile d'exclure ici le cinquième que, après un repos, on a le temps de remédier à tous les embarras qui pourraient survenir dans l'emploi de ce doigt.

Il faut éviter pourtant les mauvaises successions des doigts dans les répétitions des touches, comme par exemple figure 59. La succession du quatrième au deuxième est difficile par rapport à l'inégalité de leur longueur qui occasionne un tour de poignet; le doigter de la figure 60 conviendrait plutôt, quoique le dessin des notes ne favorise pas alors le calcul.

Dans les doubles répétitions, il est souvent indispensable qu'il y ait dans les notes répétées deux doigts différents, afin de ne pas provoquer l'action du poignet et d'obtenir plus de vitesse. Figure 61.

Il n'en est pas de même de la répétition du même doigt sur des touches différentes, où le mouvement gênant que fait le bras pour porter le doigt à la touche suivante empêche d'apprécier aisément la distance, et fait contribuer cette partie aux dépens de la prestesse, figure 62. S'il est vrai que le doigt ne peut se porter ici de lui-même sur les deux touches sans raccourcir sa longueur et gêner par conséquent son jeu, il n'est pas moins vrai qu'on doit faire plutôt intervenir dans des cas semblables le poignet, qui a plus de souplesse, et non le bras.

Les règles de ce chapitre pourront parfois s'appliquer aux substitutions.

CHAPITRE IV.

Des déplacements de la main.

Si tous les doigts et toutes les touches avaient la même longueur, il n'y aurait plus pour la main ces mouvements en dedans et en dehors qui la déplacent et qui donnent lieu à ces fréquentes contestations des professeurs sur l'emploi du pouce et du cinquième doigt sur les touches noires. Nous ne croyons pas cependant qu'ils doivent être si gênants dans les mouvements lents où le doigt précédent, avant de quitter la touche, permet au bras d'approcher la main sans risquer de la manquer, figure 63 : le pouce est accompagné par l'index. Le plus difficile de ces mouvements est sur les octaves éloignées, où la main est tournée et éloigne certains doigts du clavier. Figure 64. Le cinquième doigt se trouve éloigné du *ré* bémol, à moins qu'on ne veuille faire rentrer toute la main en dedans en pliant les doigts longs pour qu'ils ne donnent pas contre le devant des touches ; il résulterait parfois de cette position forcée de plus grands inconvénients, parce que les doigts sont obligés alors de frapper sur les tiges des touches, et on s'exposerait à les manquer tous pour en ménager un. Avec l'étude, cependant, on peut encore venir à bout d'un certain genre de ces difficultés.

Dans le passage de la touche noire à une blanche éloignée, où le bras oblige de lever la main pour la faire passer par-dessus les noires, il faut se garantir de l'action du bras ; car, pour porter le doigt en dehors afin de pouvoir frapper la touche sur le carré, il est obligé de décrire un angle qui, joint à la crainte de donner du doigt contre l'angle de la noire et de manquer la note, raidit le bras et le fait intervenir. Figure 65. Le quatrième, qui passe du *fa* au *la* bécarre, tombe avant sur le *sol* par le contour qu'il est obligé de faire pour attraper le *la*. Nous avons obvié aux inconvénients qui résultent de l'irrégularité de ce mouvement en recommandant de frapper fort, parce que, de cette manière, la première chose que fait la main est de sortir tout droit des dièses sur les blanches ; et ensuite le doigt frappe, et comme on a dû faire un grand mouvement d'élévation, il est facile de se convaincre que l'action du bras n'a pas intervenu comme elle intervient ordinairement par la part qu'il est obligé de prendre pour porter la main des dièses sur les touches blanches.

C'est surtout pour le deuxième et cinquième doigt que nous avons recommandé cette manière de frapper à cause des mouvements divers qu'ils occasionnent, étant courts et faibles, toujours prêts à transmettre le travail compliqué aux parties immédiates.

Le mélange des mouvements est ce qu'il y a de plus difficile à exécuter avec précision, cette gamme chromatique en notes répétées est très-difficile par rapport aux mouvements successifs en dedans et en dehors qu'occasionne la différence des touches par rapport à leur longueur et à leur hauteur, ainsi que l'inégalité de la longueur des doigts qui doivent la frapper. Exemple, figure 66. Les mouvements alternatifs qu'elle produit fatiguent l'attention et le tact, en même temps que les doigts s'embrouillent.

Tant que la main gauche sera moins exercée que la droite, il faudra la placer sur cette dernière lorsqu'elles seront l'une sur l'autre, parce que si la gauche était cachée sous la droite, elle serait gênée, et ses mouvements seraient moins apparents et moins libres. Voyez figure 67. Cependant, lorsque les deux mains sont obligées de bouger souvent, la gauche doit aller par-dessous, parce que la droite étant plus obéissante peut mieux se relever dans les contours qu'elle sera obligée de faire par-dessus l'autre main. Figure 68.

Des Notes tombées.

On ne pouvait pas donner des preuves plus convaincantes des soins que nous nous sommes donné pour approfondir notre sujet, qu'en exposant jusqu'aux causes les plus cachées qui entraînent la chute des notes, et pour lesquelles il fallait se livrer à la plus attentive observation. Ainsi, l'inégalité de la force et de la longueur des doigts, l'impression des efforts, et lorsque les doigts frappent sur la tige, etc., sont autant d'accidents qui déterminent la disparition totale ou partielle des sons.

Si on voit en effet les phrases manquer très-souvent de rondeur, ce n'est qu'à ces obstacles qu'il faut l'attribuer, il ne pouvait en être autrement ; car si un doigt étant court, ou bien la touche étant éloignée, est obligé de faire des notes aussi rapidement que les autres doigts qui ne sont ni écartés, ni gênés, et qui ont beaucoup plus de force, il s'ensuit nécessairement que ce doigt faible réclame une attention spéciale, qui dans la rapidité échappe, mais qu'on peut cependant diriger en étudiant lentement le passage pendant longtemps, jusqu'à ce qu'on ait découvert le doigt qui oppose des embarras, et qu'on ait remédié aux inconvénients qui résultent des diverses postures qu'il prend.

Par la même raison qu'un doigt long rend les autres courts, ceux-ci à leur tour rendent le premier trop long.

Lorsque les doigts longs et forts sont écartés et gênés ils deviennent faibles, l'effort qu'ils demandent alors pour ne pas manquer la touche rend cachée et imperceptible l'action du doigt suivant par l'attention qui a été concentrée si fortement, qu'ils laissent une impression qui les paralyse en même temps que la mesure les presse, et détermine la chute du troisième doigt suivant. La figure 16 bis est encore un passage où l'index tombe sur le *do* dièse avant que le pouce dont le mouvement est gêné tombe sur le *re* dièse. Il n'est pas facile d'attribuer la chute irrésistible de l'index à l'impression qu'a laissée l'effort qu'il réclame pour atteindre les touches noires desquelles il est éloigné. Voici encore une impression de la position du doigt dans la figure 69, où le troisième doigt qui a été au *mi* naturel ne peut pas tomber sur le *mi* bémol, parce que la peine de se lever jointe à l'idée du même dessin des notes qui l'ont amené sur le *mi* dièse fait plutôt opter pour ce dernier sur lequel il tombe plus naturellement ; le même cas se présente à la figure 69 bis, où le deuxième doigt qui a été auparavant sur

le *ré* bémol, ne peut pas tomber sur le *mi* bécarre.
Dans la mesure on manque aussi le second *mi* qui
porte la croix, la même chose arrive au *do*. Il faudra donc éviter tous les cas où il pourra se trouver
de telles méprises.

Des exercices que je me suis faits pour exercer
les doigts aux mouvements en dedans et en dehors,
et que j'exécute en échappant le doigt de la touche
comme nous avons dit au chapitre de la manière
de frapper, afin de combattre l'intervention du bras
qui est inévitable, m'ont fait sentir dans les doigts
une adresse et une force extraordinaire; il me semblait que mes doigts s'étaient multipliés, qu'ils
allaient comme d'eux-mêmes, et qu'un nouveau
genre de doigter m'était inspiré; les phrases musicales me semblaient être limpides et animées.
Ces exercices qui n'ont, comme nous l'avons dit,
d'autre but que la succession fréquente des mouvements en dedans et en dehors, ne se trouveront
point dans cet ouvrage, persistant toujours dans la
même intention de ne mettre que le strict ou le
plus nécessaire. L'objet principal est d'échapper
les doigts des touches pour combattre l'action du
bras.

La ressemblance des phrases et des distances
dans la rapidité, fait aussi manquer les notes; il
en est de même lorsqu'on frappe plus fort ou plus

faiblement qu'à l'ordinaire, parce que les doigts s'écartant plus ou moins suivant l'impulsion qu'ils reçoivent, ne peuvent pas être dirigés avec le même tact; cela arrive aussi à un certain âge, lorsque les organes n'ont plus de flexibilité.

Une note tombée entraîne ordinairement d'autres notes, soit par rapport à l'impression que produit l'embarras (surtout en public), soit parce que la main ne peut facilement se remettre sur sa véritable position.

Dans les efforts qu'on fait des doigts, il semble qu'ils voudraient rester à la même place, on a comme de la peine de les sortir de leur attitude paralysée, il est très difficile de leur faire apprécier les petites distances, qu'après quelques moments.

L'élasticité de la chair par l'effort de l'écartement qui tiraille le doigt, fait glisser celui-ci de la touche noire sur la blanche lorsqu'il ne tombe pas justement au milieu de la noire. Figure 70. Le quatrième doigt parfois ne tombe pas sur le *la* bémol, il tombe sur le *la* bécarre parce que la main est lancée vers le haut du clavier, et comme il ne frappe pas de lui-même pour conserver sa longueur en se tenant raide, il y est entraîné par le bras qui le serre contre la touche afin de ne pas la manquer : ainsi pour peu qu'on ne frappe pas au milieu même de la touche noire qui est déjà étroite, la chair du bout du doigt suit facilement l'impulsion donnée.

Des Distances.

Nous voici en présence de la plus insurmontable difficulté du piano, celle qui met à l'épreuve la volonté du pianiste, et qui ne peut être vaincue que par un travail opiniâtre; car dans les distances tout est vague et comme instinctif; à peine l'esprit semble, après un long travail, avoir trouvé quelque moyen abstrait pour s'en assurer, qu'on les confond, on s'embrouille, on les oublie.

En effet, que le pianiste repasse dans son esprit pour nous avouer quel est le point principal où tendent ses efforts, et assurément il se souviendra de la difficulté de faire tomber juste le doigt sur la touche qu'il cherche; car s'il a vaincu quelque passage difficile il saura sans doute combien de fois il aura été obligé d'y revenir avant de s'en rendre maître, et avec quelle facilité il l'a oublié lorsqu'il l'a quitté pour un seul instant. Ce n'est pas à coup sûr la vitesse qui manque aux doigts, ni même la force, car le même rhythme pourrait se faire sur

une table, etc., avec la plus grande rapidité, sans
autre étude que l'analyse rhythmique des notes,
mais non sur le clavier où il faut une exacte appré-
ciation de la distance qu'on cherche, et de l'impulsion que doit recevoir le doigt pour s'y porter.

C'est devant les distances dont la juste apprécia-
tion est une difficulté insurmontable que se brisent
les appareils avec toutes leurs théories, c'est bien
une difficulté qui l'emporte supérieurement sur les
six dont parle M. Levacher D'..., avec lesquelles
elle n'a aucun rapport. Tous les embarras qu'on
a voulu supposer au quatrième doigt deviennent
de faibles obstacles comparativement à ceux des
distances; car si le défaut capital des pianistes est
de jouer faux, ce n'est pas parce que le doigt n'a
pas la force de tomber juste sur la touche, mais
parce que le bras ne l'y a pas porté; la force qu'il
acquiert par le travail lui suffirait si la crainte de
manquer les distances ne raidissait pas le bras,
empêchait l'action des doigts dans l'incertitude et
l'hésitation qu'il donne à la volonté et provoquait
des efforts continuels qui fatiguent. Comment serait-
il possible autrement que la force des doigts dis-
parût par aucun autre motif que celui-là? Si cela
est ainsi, on ne saurait trop recommander de la
vigilance sur tout ce qu'il pourrait y avoir de nuisible au développement de la force des doigts dans

tout ceci, en voulant lancer le doigt avant qu'on ait apprécié la distance. Il est incontestable que pour l'apprécier avec promptitude il soit nécessaire un tact particulier, de la finesse d'esprit, une forte mémoire et de la souplesse dans les organes, car la moindre hésitation, comme nous avons dit, la fait manquer; elle est tellement abstraite que plus on revient au même passage, plus on s'embrouille, et si le maître n'a pas la perspicacité de diriger l'attention de l'élève vers le doigt qui manque la note, il n'en sortira jamais.

C'est par cette raison qu'avant même l'âge de puberté on remarque un certain progrès surprenant chez les élèves, parce qu'alors l'enfant est plus libre, a plus de docilité, et la mémoire plus fraîche, quoiqu'il y ait peu d'énergie dans les organes. Ce qui nous confirmerait dans tout cela, c'est qu'à trente-cinq ans environ, malgré les assertions de M. Levacher D'..., qui n'a pas consulté cet écueil, nous voyons palpablement que les progrès sont beaucoup moins rapides malgré la différence de force de vie avec le premier âge. Ceux qui ont pu croire donc qu'on pourrait commencer à l'âge de trente-cinq ans, doivent s'être trompés dans leurs espérances, car s'ils ont prétendu corroborer la force des doigts par des appareils, du côté de l'esprit ils ont certainement une digue qu'ils

ne pourront jamais rompre ni franchir, en se con-
damnant même au plus obstiné rigorisme de l'étude.
Ce qui nous confirme encore plus puissamment dans
cette irrévocable vérité est cette résolution forcée
de ces talents qui ont brillé un jour, et qui, à l'ap-
parition d'un autre supérieur, rentrent dans la voie
du silence de la vie privée, comprenant sans doute
les efforts qu'il leur faut faire même à un âge prématuré pour lutter avec des champions si redou-
tables. Et puis, qui n'a pas remarqué qu'un seul
instant après avoir quitté un passage difficile on ne
l'exécute pas aussi bien? Il n'est pas difficile de se
convaincre de tout ceci, en réchauffant les doigts
tant qu'on voudra par un autre moyen que celui du
clavier, car on remarquera incontinent que si les
doigts, par leur paresse, ne déterminent pas autant
la chute des notes qu'on manque, ils n'exécutent
jamais aussi bien le passage que lorsqu'on vient de
l'étudier sur le propre clavier.

Nous allons exposer les diverses causes qui empêchent d'apprécier et d'exécuter les distances,
parce que souvent elles prennent racine dans le
choix des doigts; ainsi l'éloignement des mains
rend leurs positions différentes par rapport aux
écartements, et par conséquent, différentes les
distances et différents les moyens qu'il faut employer pour ramener les doigts sur les touches.

Voyez figure 71, où le premier groupe se fait moins aisément que le second, parce que la main est tournée; cette différence des positions nécessite souvent un différent doigter sur un même trait reproduit, plus haut ou plus bas.

L'absence de force dans les doigts, qui les rend indociles et paresseux, comme la surabondance, exigent des efforts qu'on ne peut facilement apprécier.

L'attention qu'absorbe l'autre main empêche de faire certains passages que la main toute seule ferait plus aisément; ainsi, dans la figure 72, la main droite manque le passage qu'elle ne manquerait pas sans les complications de la gauche. La ressemblance des traits entraîne le doigter qu'on vient d'employer et fait confondre les distances, tel que cela arrive dans la fig. 73, où le troisième est entraîné irrésistiblement sur le deuxième *do* bémol avant de faire le *si*, parce que dans le même trait il entre deux fois dans la même circonstance, et parce qu'il doit se tenir prêt pour tomber immédiatement dans la note suivante, le *si* bémol. Toutes les fois qu'il y aura confusion des distances le doigter sera vacillant; cette confusion vient de la ressemblance des traits ou du doigter.

Les figures 74 et 75 représentent à peu près le même cas dans deux phrases chromatiques du

même genre, dont la seconde a une note de plus
que l'autre, et demande par conséquent un doigter
différent qui est pourtant naturel; mais la ressemblance qu'il a avec celui de la figure 74 empêche
qu'on mette le pouce dans le *mi* bécarre de la
figure 75, parce que dans la figure 74, l'ayant mis
sur le *fa*, l'impression du mouvement lent a gravé
dans l'esprit la succession des doigts qui, dans la
rapidité de la figure 75, fait qu'on n'aperçoit pas le
nouveau *mi* bécarre, et on le saute comme la première fois.

La distance d'un demi-ton faite par un même
doigt, soit en suivant, soit séparée par quelque
note, est difficile à apprécier, car dans la figure 76
on confond le *fa* bécarre par le *mi*, parce que le
second doigt qui a été en montant le trait sur le *mi*
bécarre, y tombe naturellement en descendant, au
lieu de tomber sur le *fa* bécarre.

L'incertitude du doigter dans la faculté de mettre
un doigt à la place d'un autre, fait hésiter, et rend
nécessaire la recommandation de ne pas quitter de
la touche le doigt précédent jusqu'à ce qu'on ait
choisi définitivement le véritable doigt, qu'on ait
calculé la distance et qu'on se détermine à la faire
différemment; il est impossible de donner au doigt
le degré d'impulsion qu'il doit recevoir pour faire
la distance. Ceci est surtout recommandable pour

les octaves et les accords où la crainte de la manquer fait raidir le bras qui intervient en restant suspendu en l'air et se promenant au lieu d'aller d'un seul bond.

Du calcul des doigts.

L'insuffisance du nombre des doigts et tous les autres obstacles qui les empêchent de tomber sur les touches, leur donnent une mobilité continuelle; et si tous étaient égaux en longueur et que les touches fussent aussi égales et au même niveau, ils pourraient se porter et se reproduire partout; on n'aurait alors qu'à commencer par le pouce, continuer tous les autres doigts et recommencer par le même doigt; mais les nombreuses combinaisons des intervalles qui marchent par mouvements divers de tierces, quartes, quintes, etc., tantôt en arrière, tantôt en avant, ou en tous sens et de toutes manières que le génie peut inventer pour varier le rhythme, compliquent beaucoup le calcul dans le choix des doigts et empêchent de bien apprécier les distances, ce qui fait une des plus grandes

difficultés pour lire correctement à première vue.
Nous allons essayer de donner les règles qui nous
semblent pouvoir diminuer le calcul des doigts, en
établissant un bon doigter. Ainsi, 1° dans le choix
des doigts, on doit éviter leurs continuels changements, en les faisant suivre d'après leur ordre
naturel, afin d'éviter leur mobilité autant que possible. 2° Lorsque le doigter marche d'une manière
régulière et qu'il se reproduit à certaines périodes
ou par tels dessins des notes, ressemblance d'intervalles, des phrases, ou bien par des imitations, etc.,
le calcul est soulagé sous le rapport du choix des
doigts et l'attention beaucoup plus libre de se porter ailleurs. Il faut donc lancer les doigts par collections, c'est-à-dire, par positions, en posant la
main toutes les fois qu'on la déplace au milieu du
chant qu'on pourra prolonger le plus sans changer
de position, soit en écartant les doigts ou sans les
écarter, parce qu'on se familiarise plus facilement
avec les doigts et les touches lorsque la main se
trouve pendant quelque temps à la même place.
3° Lorsque la même phrase se reproduit une octave
ou deux plus haut, on adoptera le même doigter
que la première fois. Trois octaves plus haut cependant, la main est tournée différemment et rend,
comme nous avons dit, les distances plus ou moins
courtes, ou trop longues. 4° Lorsqu'une phrase

ressemblera à une autre sous le rapport des intervalles, du dessin, ou marche des notes, on adoptera le même doigter pour toutes les deux, quoique
dans ce cas il faille se méfier, car il m'est arrivé
dans un passage qui avait une partie de la gamme,
de continuer toute la gamme dont j'avais adopté
le doigter; ceci prouverait l'aisance du calcul et le
peu de frais que fait l'attention lorsque les doigts
se succèdent par une marche non interrompue.
Après le repos il est facile de préparer le doigter
pour la phrase suivante.

Le doigter qu'on met en montant doit servir en
descendant pour la même phrase.

Après le cinquième doigt de la main droite, le
seul qui puisse lui succéder le mieux sur les touches
blanches en montant par degrés conjoints, c'est le
pouce, car les autres ne sauraient s'en approcher
comme le pouce et égareraient la main dans le
grand mouvement qu'ils sont obligés de faire.

Pour les phrases surmontées des doubles notes,
contre lesquelles toutes les règles se brisent, nous
ne pouvons, malgré notre regret, donner d'autres
conseils que d'avoir toujours en présence la théorie que nous avons faite pour l'expliquer le mieux
possible, et de régler le doigter d'après les inconvénients que nous avons exposés.

Il en est de même du doigter des passages fugués

que les auteurs modernes introduisent d'une manière heureuse dans les œuvres modernes; ils dé-
truiront sans doute l'opinion de Kalkbrenner, qui
prétend que les organistes ont un doigter différent
de celui du pianiste, car s'il se fonde sur les tenues,
les compositeurs ont voulu que malgré la sécheresse du son du piano, cet effet fût rendu par la
durée de son que donne la touche levée. Le même
auteur prétend qu'on doit s'adopter une manière
uniforme de doigter; je ne puis expliquer jusqu'à
quel point peut être vraie ou nécessaire cette règle.
La définition du doigter de cet auteur qui est ainsi
conçu, qu'on peut le fonder sur ces trois règles,
que le pouce et le cinquième se trouvent aux extré-
mités, ou qu'on base sur le doigter de la gamme
dans laquelle l'on joue lorsqu'ils ne pourront être
adoptés par les deux premières règles et que jamais
l'application de ces trois règles n'a mis son doigter
en défaut, n'aurait non plus l'extension qu'on croit
pouvoir lui donner, parce que les phrases qui dérivent des gammes ont disparu des productions
modernes, et que les difficultés d'aujourd'hui sont
d'un genre bien différent: ces règles donc ne serviront que pour les commençants. Nous adjoindrons
à cet effet, celle qui par les phrases dérivées des
accords, empruntent sinon le même doigter de ces
notes plaqués, au moins un qui a le plus de rapports.

Si on veut savoir si le doigter qu'on a adopté est bon et solide, il n'y a qu'à jouer vite pour pouvoir remarquer le doigt qu'on a mal placé dans celui qui manquera à l'appel, ce qu'on pourra observer par l'absence de la note. Il faudra travailler indistinctement tous les doigts, se servir des faibles comme des forts, car s'il y a de la difficulté à se servir des faibles il y en a autant à ne pas s'en servir. Je recommanderai de porter plus l'attention sur les faibles que sur les forts, et au bout de quelque temps on sera surpris de voir l'égalité des doigts qui alors permet tout, et sans laquelle il n'est pas permis de jouer en mesure, de lire à première vue, ni de donner de l'expression.

Le calcul dans le choix des doigts n'est donc basé sur d'autres règles que sur les inconvénients résultant de la conformation des doigts et de la différence des touches qu'on cherchera à vaincre par l'étude, car en voulant parfois éviter le pouce ou les autres doigts courts sur les touches noires on tombe souvent dans des difficultés plus grandes ; ceux mêmes qui prétendent qu'on ne doit pas mettre le pouce ou le cinquième doigt sur les noires, sont les premiers à enfreindre cette règle et à se tirer d'embarras par ce même moyen, car il y a des cas où il est impossible de faire autrement ; ces raisons nous portent donc à cette conclusion, que puisque on les met une fois, pourquoi serait-il plus difficile de se servir une seconde fois des mêmes doigts dans un mouvement semblable.

Les professeurs sont divisés sur la question de savoir si le doigter des grandes mains doit être suivi par les petites; ceux qui sont pour l'affirmative, tourmentent l'élève en lui faisant faire des accords pénibles et des phrases qu'ils ne peuvent exécuter qu'avec beaucoup de travail : cela leur retarde l'exécution du morceau en pure perte de temps, car on a dû sans doute supposer la définition que l'on doit déduire de notre théorie, qui n'astreint pas précisément le doigter à des règles, mais qui porte à cultiver les doigts progressivement et à combattre les obstacles qui s'opposent à leur emploi. Ainsi on destine à une main grande des exercices pour sa longueur et sa force qui, pour une main petite, pourraient devenir vicieux dans certaines circonstances.

Nous avons cherché à exposer tout ce que nous avons pu recueillir sur nous-mêmes lorsque nous nous sommes trouvés en face de la difficulté, comme sur mes élèves depuis le temps que je me suis livré à l'enseignement du piano que j'ai professé dans les principales villes de l'Europe.

Le maître cherchera à expliquer à l'élève les diverses explications faites dans le cours de cet ouvrage, à mesure que s'en présentera l'application, et lui fera vaincre la difficulté progressivement, en l'habituant premièrement à mettre le pouce sur les dièses, puis le cinquième doigt, ensuite toute la main ; l'habituer à faire frapper franchement les doigts, combiner les positions, et s'exercer en dernier lieu aux déplacements des mains causés par les mouvements en dedans et en dehors jusqu'à ce qu'on les fasse vite et réitérés.

L'élève aussi cherchera, en passant les exercices, études, etc., à remarquer la manière dont ils sont chiffrés pour s'exercer dans l'application des préceptes que nous avons donnés.

Personne ne doutera qu'en l'absence de tous ces détails, qu'on n'avait jamais essayé de donner, le doigter devait être disgracieux ; les doigts forts devaient encore se fortifier au dépens des faibles, par l'usage si commun que naturellement on est porté à en faire. Par notre théorie, nous avons mis le doigter à la portée des petites mains, des moyennes comme des grandes. Pour dernier conseil sur ce calcul, nous recommanderons d'adapter le degré de difficulté au degré des obstacles vaincus et de l'exercice qu'on aura fait, car si on se lance brusquement dans la difficulté pour l'exécuter par tel moyen plutôt que par tel autre, on ne manquera pas de gâter son mécanisme, son doigter, et d'avoir un jeu inégal, brusque et plein de tricheries.

Nous avons exposé les divers inconvénients qui résultent dans telle position du doigt il n'y a alors qu'à régler le doigter d'après le travail qu'on voudra y mettre; pour ceux, par exemple, qui n'aspireront qu'à une force médiocre, celui établi dans les méthodes et dans les morceaux leur suffira.

Tous ces détails pourront sembler peu importants au pianiste qui est habitué à se tirer de ce calcul avec moins de frais d'attention et de complications; mais il lui arrivera, inévitablement, ce qui arrive toujours : il sera obligé d'employer le double de travail pour apprendre la difficulté qu'il ne vaincra que pour un moment; car immédiatement après on retrouve les mêmes obstacles, et, de plus, il ne saura jamais de quel côté vient l'embarras auquel il n'opposera qu'un travail opiniâtre qui, plus tard, deviendra impuissant, car le calcul, à un certain âge, ne se pratique plus avec la même prestesse que dans la jeunesse.

Celui qui n'aura pas travaillé le passage doigt par doigt ne l'aura pas assurément vaincue. J'en connais beaucoup qui le font ainsi; cela ne pourrait être différemment, à moins qu'en calculant les doigts on n'évite les faibles. Ainsi donc il ne suffit pas d'avoir trouvé un doigter pour déchiffrer, car il en faudra un autre pour exécuter sans efforts ni brusquerie, comme on fait ordinairement; et si on n'a pas la patience, au moment de la lecture, de le calculer, pour peu qu'on le travaille, il est difficile de le quitter, car il revient, à notre insu, tout de suite après.

Nous nous permettrons de revenir sur les appareils présentés sous de si heureux auspices et renfermant, dit-on, toute la science de l'art, et nous demanderons à nos collègues la part qu'on peut leur faire dans tous nos exemples notés avec leur théorie, et le peu de rapport qu'ils ont avec les difficultés qu'ils nous présentent. Comment pourraient-ils donc les vaincre? Il est incontestable qu'ils ne peuvent remédier aux mouvements, en dehors et en dedans, à la difficulté des touches, par rapport à leur hauteur, leur largeur et leur longueur, à la manière défectueuse de frapper dans les écartements, à l'intervention du bras et du poignet, et surtout à l'invincible difficulté des distances, car dans toutes les difficultés que j'ai éprouvées, je n'en connais pas d'autres que celles-là. Je ne craindrai jamais que mes doigts manquent la touche, car ils en attrapent toujours une; mais je plaindrai celui qui ne reviendra pas mille et deux mille fois par jour sur la même distance qui lui fait tomber le doigt sur les touches voisines, parce que celui-là fera toujours avec crainte l'intervalle, à moins que son oreille, trop complaisante, ne veuille bien lui passer un son pour un autre ; car, si elle est sévère, cette crainte enlèvera au doigt sa force, son action, et raidira le bras qui finira par intervenir et par ôter la vie aux autres doigts.

CHAPITRE V.

Étude.

Il y a beaucoup de pianistes qui, en affrontant hardiment la difficulté, s'étonnent de rester pendant cinq et six mois sur le même morceau qu'ils ne parviennent même à exécuter que péniblement après un long travail. Ils se demandent avec anxiété d'où provient une difficulté si invincible, attendu le peu de répugnance qu'éprouve l'oreille la moins exercée à retenir un air qu'elle a seulement entendu une fois. Ils se tourmentent pour résoudre une question qui se résout d'elle-même, par la même comparaison qu'ils font entre ces deux genres d'exécutions, sensiblement différentes. La difficulté d'un morceau vocal n'est que dans l'oreille et dans la souplesse naturelle de l'organe de la voix ; car il n'a qu'une seule et simple partie qui marche par un mouvement lent, une harmonie facile et un rhythme court et simple, ce qui est facile à retenir. Mais la musique de piano, par ses nombreuses complications, entrave déjà l'oreille. Les parties sont nombreuses et par conséquent difficiles à retenir, les phrases mélodiques parfois très-rapides et marchant en tous sens, et par des intervalles disjoints et éloignés ; l'harmonie est compliquée et toujours développée sur des tons éloignés et de rapides transitions. Les accompagnements sont variés par des traits bizarres et par des accords qui peuvent se présenter sous un autre renversement ou position, et sont facilement confondus dans lesdits renversements. La jonction des deux mains, toutes les difficultés qui ont fait le sujet de nos recherches, et que nous avons énumérées dans cet ouvrage, sont autant d'obstacles pour exécuter la musique de piano, pour suivre les idées et les retenir par cœur ; car, lorsqu'elles sont disloquées par les obstacles continuels, l'ouïe ne peut pas les apprécier. Nous pouvons ajouter à toutes ces difficultés celles qu'on éprouve en déchiffrant, où il faut : 1° apercevoir les notes des deux mains dont les clefs sont différentes ; 2° chercher de quel côté se trouvent les touches qui doivent les rendre ; 3° calculer le doigt qui doit s'y porter, ce qui est très-difficile ; 4° apprécier et atteindre la distance. Tout ce calcul et toutes ces complications ayant lieu pour chaque note, qu'on juge alors de la difficulté lorsqu'on marche par dix ou douze à la fois, comme cela a lieu souvent dans les passages en accords. Un si grand nombre de complications réclamaient nécessairement les soins les plus assidus pour venir à bout de tant d'opérations, et prouverait en même temps l'impuissance de toutes les tentatives inutiles qu'on s'efforce de nous recommander avec les expressions les moins vraies et le plus habilement exagérées.

Suivant notre expérience comme professeur, et après avoir examiné la manière dont quelques-uns de mes collègues font étudier leurs élèves, dans les différents pays que nous avons parcourus, nous croyons que la meilleure manière de procéder à l'étude, est de lire le morceau sans s'arrêter jusqu'à la fin, sans s'occuper trop du doigter, afin de pouvoir suivre les idées musicales pour se les graver plus tôt dans la mémoire, et pour pouvoir déchiffrer à première vue, de recommencer le morceau pour s'arrêter devant la difficulté, et de la travailler. Et comme le choix des doigts est, comme nous l'avons démontré, ce qu'il y a de plus compliqué pour exécuter un passage, il faut, après l'avoir calculé, le marquer par quelque chiffre, afin de n'être pas obligé de faire le même calcul en revenant plus tard au même endroit, et de mettre moins de temps pour l'apprendre en fixant le doigter, qui peut varier dans un même trait, et qui fait hésiter lorsqu'on

ne s'est pas fixé sur les successions des doigts.
Les morceaux qu'on destine pour jouer en public
doivent surtout avoir un doigter fixe et bien calculé,
à moins qu'on ne veuille travailler les difficultés
qui en résulteront, car nul doute que le travail
vainc tout : c'est selon moi au bon choix des doigts,
et si depuis le commencement on s'habituait à combattre les obstacles qui empêchent de nous servir
de tel doigt dans telle circonstance, nos doigts
faibles en devenant plus habiles se fortifieraient et
se produiraient partout. Mais comme il faut que le
travail soit en rapport de la résistance qu'on éprouvera, et que le travail minutieux de chaque doigt
se rendrait fastidieux, il n'est pas prudent de s'astreindre à cette comparaison. Après avoir donc
bien réglé le doigter d'après le désir de se fortifier
ou de le travailler, on étudiera les mains séparément par traits, par mesures, par intervalles, jusqu'à ce qu'on ait vaincu par un travail spécial
l'indocilité du doigt faible, et ce que dans les positions pénibles il frappe aussi aisément que possible
et sans la moindre gêne. Les distances éloignées
doivent aussi entrer dans le but de nos efforts. Cet
exercice ne servira pas seulement à fortifier les
doigts, il fera découvrir l'entrave qui nous arrête
et qui nous fait revenir en arrière à plusieurs
reprises, pour pouvoir suivre les idées musicales

qu'on perd; ce qui fait voir clairement que l'oreille est impuissante pour un passage où le mécanisme est défectueux, et que la difficulté d'apprendre par cœur ne consiste que là. On joindra après les deux mains, les phrases et tout le morceau qu'on étudiera jusqu'à l'apprendre par cœur. On appliquera ensuite la mesure et l'expression. Et si le morceau qu'on a pris est destiné pour le jouer en public, il faut l'étudier tous les jours, car l'exercice qu'on a fait avec le doigt faible ne peut entretenir plus longtemps la force et l'adresse qu'il a acquises, que selon le travail qu'on y a fait; il faut d'autant plus l'étudier et l'apprendre mieux qu'à l'ordinaire, qu'en présence d'une réunion nombreuse on ne peut pas l'exécuter aussi aisément, surtout quand on est impressionnable; on trouve alors mille obstacles; sans dire que le changement de diapason du piano, l'inégalité des sons qui dans le développement harmonique rendent plus ou moins sensibles certaines transitions, ainsi que le passage d'un piano faux à un juste même, sont autant d'obstacles dans ce moment-là.

Rien n'est plus difficile pour le professeur que de faire jouer son élève en mesure; il le fait rester sur le même passage un temps immense, il le presse, il lui chante, il l'anime de sa vivacité, et parfois il se perd, il échoue, parce qu'il ne remarque pas que la peine qu'ont certains doigts les rend cachés et passent sans être aperçus, et ce qui est pis, c'est que plus l'élève exécute le même passage, plus il presse le mouvement, et alors s'il a pu par l'étude remarquer tant soit peu ce doigt, la croissante rapidité le rend toujours imperceptible : ainsi si le maître veut le lui faire voir, qu'il le fasse exécuter lentement afin de lui analyser le passage difficile et de lui indiquer le doigt sur lequel on doit insister davantage.

Lorsqu'à un certain âge, lorsque les doigts n'ont plus de volubilité et que l'esprit n'a plus de tact pour apprécier les distances avec prestesse, on veut apprendre un morceau au-dessus de ses forces, il faut redoubler d'efforts et l'étudier constamment, car outre l'absence de l'étude, la vie des organes qui s'en va tous les jours, nous fait manquer les touches.

L'étude du piano est une chose sérieuse; beaucoup de musiciens, en voyant que le pianiste change sa condition obscure contre une position brillante, s'imaginent qu'on parvient au piano comme à l'o-phycléide, au cornet à piston, à la flûte, etc., avec lesquels il y a des musiciens qui font une partie de musique militaire en cinq ou six jours, et armés d'une ferme résolution ils se mettent au travail de cet instrument; mais ils comprennent vite que le

9

pianiste n'a pas usurpé l'hommage qu'on lui rend d'une manière spéciale à tous les autres artistes, et que les laborieux efforts qu'il lui a fallu faire, joints à l'agrément de son instrument, lui ont justement mérité la supériorité dont il jouit.

On doit choisir un morceau favori qu'on devra jouer pendant longtemps, jusqu'à ce qu'on l'ait rendu avec toute la perfection possible, et afin de connaître le travail dont chaque morceau est susceptible et prendre de bons plis.

Ce n'est, je le répète encore, que par une étude opiniâtre et doué d'une intelligence musicale, compagne fidèle d'une bonne organisation, qu'on pourra se familiariser avec les nombreuses complications que l'on trouvera. C'est dans l'étude qu'il faut avoir présent à l'esprit toute la théorie dont notre ouvrage a été l'objet, afin de vaincre tous les obstacles que nous avons énumérés.

Expression.

Une des plus belles conquêtes que l'homme a faites est, sans contredit, la musique; elle fait ses

charmes en lui représentant les effets de la nature.
La mélodie surtout, par la succession des sons, par
ses intervalles et ses mouvements tantôt cadencés,
tantôt lents ou rapides, a le pouvoir de nous arra-
cher des larmes, d'exciter en nous la joie, la mé-
lancolie, la crainte, l'espérance, le courage, et même
de nous donner des conseils, comme pensait Gus-
tave III, qui travaillait dans sa loge au théâtre, afin
de s'inspirer, disait-il, de la prudence et de la sa-
gesse. Elle nous rappelle les images des objets qui
ont fait des impressions sur nos sens, tels que le
murmure d'un ruisseau, le bruit d'un torrent, l'hor-
reur d'une tempête, le souffle d'un vent frais ou d'un
zéphyr, les hurlements des bêtes féroces, la nais-
sance d'un jour, le sourire des grâces, le silence de
la nuit, les frémissements de la colère, et tous les
autres bruits de la nature. C'est la mélodie qui
soumet, pour ainsi dire, l'univers à l'empire de
l'oreille, de la même manière que la peinture et la
poésie le soumettent, la première au jugement des
yeux, la seconde au pouvoir de l'imagination. La
bonté de ses charmes permet à l'homme de s'aban-
donner au caprice de ses agréables sensations, sans
que la moindre pensée profane vienne lui inspirer
la moindre crainte ni sollicitude, car aussitôt que
les sons entrent dans le domaine de l'ouïe, l'état
normal de son esprit, que le tumulte de ses pensées

avait agité, reprend son équilibre. On dirait qu'elle a la mission de porter les hommes à la vertu ; elle vient même s'associer à la médecine pour soulager, par ses attraits, l'humanité souffrante, en portant à l'âme un baume consolateur, un sourire de paix.

Comment l'âme de l'artiste pouvait-elle rester insensible à tant de beautés, à un langage si puissant, à de si douces illusions ? Mais lui-même s'est empressé de nous communiquer les vives émotions et les impressions agréables qu'il éprouvait, par des moyens que le génie fournit toujours, dans des moments si sublimes. Le pianiste même, qui semblerait n'avoir pas de moyens pour nous transmettre ses inspirations, a su trouver, malgré la sécheresse du son de son instrument, de nouvelles ressources ; il a su même remplacer avantageusement la flexibilité du son du violon, en développant, par sa percussion soudaine, des effets énergiques, de bravoure et de colère. De son genre piqueté, qui est le caractère spécial de la musique de son instrument, il a su tirer des traits gracieux, sautillants, perlés et pleins de netteté. Il a su animer son chant par l'expression, en pressant, ralentissant, accentuant les notes, et par une suave harmonie.

Malgré tout le mérite d'un sujet aussi important et de cette nécessité qu'éprouve l'âme de faire son expansion, aucune théorie n'a été faite ; les auteurs ont dit qu'il n'y avait pas de règles à donner, et qu'on ne peut donner du sentiment à celui qui n'en possède pas; que le seul génie avait le privilége de pénétrer dans ce mystère. Erreur grossière, qui ne sert qu'à justifier la négligence qu'il y a toujours eu à ce sujet; car sans demander qu'est-ce qu'on entend par manquer de sentiment chez un être intelligent, même chez les barbares, quel n'a pas été le progrès des arts et des sciences où on a dirigé des efforts consciencieux? Malgré que nous fussions effrayés par la crainte de faire un travail long et pénible, où il ne fallait rien moins que se livrer à observer les divers phénomènes abstraits qui se passent en nous, nous ne nous sommes pas laissé rebuter, et nos recherches ont été couronnées d'un heureux résultat, en résolvant un problème qui paraissait insoluble.

Après nous être posé cette question : quels sont les moyens que l'âme expansive peut avoir à sa disposition pour exprimer ses élans et ses pensées, nous avons trouvé qu'il n'y avait que le son et le mouvement. Le premier moyen s'est présenté à notre esprit par l'augmentation d'intensité dans les marches ascendantes, par la diminution d'intensité dans les descendantes et par l'accentuation des notes. Le second moyen semble dériver du premier, car lorsque le son monte le mouvement est pressé, comme lorsqu'il descend il ralentit. La raison qui nous a paru la mieux fondée sur cette intime relation est que le son en montant presse ses vibrations et que cela pourrait bien nous entraîner naturellement à presser aussi le mouvement, et vice versâ, en descendant.

L'accentuation des notes a lieu dans les intervalles qui montent par la raison qu'on peut supposer les autres degrés de la gamme du ton qui sont renfermés dans l'intervalle, comme par exemple un intervalle de sixte, *do*, *la*, en montant, le *la* doit être accentué, parce que c'est comme si on faisait *do*, *ré*, *mi*, *fa*, *sol*, *la*, et que le *la* dans ce cas aurait un degré d'intensité plus fort que le *do* où l'augmentation du son commence. La diminution du son a lieu à l'inverse par le même calcul, comme par exemple, *si* bémol *mi*, en descendant, le *mi* doit être frappé moins fort que le *si* bémol.

La combinaison de ces deux moyens dans un sens opposé produit l'effet qu'on a appelé jusqu'à présent mener les notes nonchalamment, et qui n'est rien moins que le langage sublime de l'âme, sa véritable expression, car un chant qui s'anime, qui faiblit, qui reparaît brusquement ou avec douceur par son accentuation, qui marche d'un pied ferme ou chancelant, ne révèle-t-il pas une âme sensitive, émue, touchée, attendrie, énergique, etc.;

ce genre, quand il est bien traité, ne peut manquer
d'effet, mais ici, il est vrai, il faut posséder les
qualités supérieures pour exceller dans ce genre
d'expression qui n'appartient qu'au génie, qui ne
s'explique par les signes qu'imparfaitement, et qui
ne peut pas être limité même par l'auteur qui peut
sentir moins qu'un autre génie. Autant ce genre
que nous appelons sublime est beau quand il est
bien rendu, autant il devient ridicule lorsqu'on
veut s'annoncer inspiré et que l'âme est partout
ailleurs, excepté à la pensée musicale; ou qu'elle
n'ajoute pas foi à ce que lui transmettent les signes;
c'est d'autant plus ridicule que le rhythme se détruit en n'accentuant pas les notes qui le marquent.
Ce genre de musique est plus facile dans les *ad libi-
tum* que dans les phrases, par rapport à la combinaison des deux mains.

L'analyse des deux morceaux de musique rendra notre explication plus claire et préparera à
l'examen des œuvres des grands maîtres où l'expression est marquée par des signes ou des mots
en italien avec lesquels on s'identifiera pour comprendre la pensée de l'auteur, et qu'on trouvera
à la fin de la Méthode d'Herz ainsi que dans
d'autres Méthodes. Les croix qu'on trouvera dans
ces deux morceaux serviront à insister sur les notes,
et les 0 pour ces notes qu'on doit presser pour se

rattraper du temps qu'on a mis dans celles qui portent les croix. Le *ré* du n° 77 doit être accentué comme intervalle ascendant qui pourrait avoir tous les autres intervalles de la gamme de *si* bémol sans altérer le sens mélodique. Mais comme la progression mélodique ne se termine qu'en montant au *mi* du n° 78, il ne faut pas trop accentuer le *ré* afin qu'il y ait encore un degré d'augmentation du son pour le *mi* qu'il faut accentuer fortement et lui donner plus de valeur qu'au *si* qui porte le 0. Il faut donner au *ré* le degré de force qui lui revient par rapport au *la* qui vient après et qui termine la progression ascendante du son. La même règle a lieu pour la mesure du n° 79. La progression descendante du n° 80 diminue le son jusqu'au *sol* et l'augmentation jusqu'au *si* bémol de la mesure suivante. La mesure du n° 81 est encore une progression descendante qui diminue de son et de mouvement.

Le second genre d'expression qui a lieu sur le *sol* de la mesure du numéro 82 vient de l'accentuation du *sol*, car j'ai remarqué que beaucoup de notes, qui étaient accentuées, tout en augmentant le son le mouvement diminuait; mais le temps que prend le *sol* se rattrape sur le *fa* auquel on diminue le temps de sa valeur. Il en est de même du deuxième *si* bémol qui vient après; l'accentuation lui fait prendre de la valeur du *sol*. Le *fa* bécarre du numéro 83 prend un peu de valeur du *fa* dièse pour que de cette dernière note on passe vite au *la* du numéro 84. Le *la* du numéro 85 prend de la valeur des deux qui viennent après et qui deviennent presque des triples croches; il en est de même du numéro 86. La phrase du numéro 87, en augmentant du son, diminue de mouvement jusqu'au *ré;* c'est une exception à la règle sus-énoncée, mais qui s'explique par la force d'accentuation que prennent les notes, en augmentant d'intensité de son. Le premier *fa* de la mesure du numéro 88 prend un peu de la valeur de deux notes suivantes, et les autres notes diminuent de son et de mouvement jusqu'au *fa*, par rapport à la progression descendante. Il en est de même du numéro 89, qui est une imitation du numéro 88. Le *sol* du numéro 90 prend un peu de la valeur de ces trois notes précédentes qu'on presse, ainsi que du *ré* et du *fa* qui viennent après. Le notes du numéro 91, en augmentant de son, diminuent de mouvement jusqu'à la fin, en menant les notes inégalement comme par secousses; mais c'est ici qu'est le secret du génie et qui ne peut guère s'expliquer pour savoir quelles sont les notes sur lesquelles il faut insister davantage; celles qui au numéro 92 nous semblent être douées d'accent, sont marquées d'une croix. En cherchant, cepen-

dant, on peut trouver les notes qui font plus de
sensation et qui appartiennent parfaitement aux
accords de l'autre main, ou qui sont des notes ca-
ractéristiques du nouveau ton. Ce genre sublime,
qui ordinairement n'altère que les notes, altère la
mesure dans le numéro 93, où les notes font mourir
le mouvement, tout en renforçant le son, contre la
loi des vibrations que nous avons expliquée; c'est
la fin de la phrase qui occasionne encore ce ralen-
tissement. Il n'est pas permis de l'exagérer, car
c'est détruire la pensée rhythmique de l'auteur. Le
diminuendo du son de la dernière note ne peut
s'obtenir sur les instruments à vent, où la volonté
de l'exécutant rend le son plus flexible que sur le
piano. Voyez le numéro 94.

Il y a des cas qui ne demandent que de l'augmentation du son, telles que les notes bémolisées,
lorsque celles qui les précèdent sont un demi-ton
plus bas. Voyez le numéro 95 du morceau en *sol*,
les notes diésées sont également accentuées.

Les propositions commencent en augmentant et
finissent en diminuant, ou bien elles finissent seulement en augmentant de son pour que la suivante
finisse en diminuant. Voyez les quatre premières
mesures dudit morceau en *sol* qui augmentent, et
les quatre suivantes qui diminuent.

L'avant-pénultième note d'une proposition est

ordinairement accentuée et prend du temps de la pénultième. Voyez numéro 96 du morceau en *sol*, ainsi que le *mi* de la septième mesure du morceau en *si* bémol.

Les traits qui servent de jonction à deux propositions ou phrases différentes, sont pressés et augmentés, voyez la seizième mesure du premier morceau en *si* bémol; s'il n'y a que deux notes qui se répètent, il faut au contraire retarder le mouvement, voyez n° 97; d'autres doivent être ralenties même en montant au même temps qu'on renforce le son, voyez le n° 97 bis.

Une note qui a de la valeur commence piano et renforce le son pour varier sa monotonie et pour simuler une idée différente; par la même raison, plusieurs notes qui se répètent augmentent de son et rendent le mouvement inégal; voyez la quatorzième mesure du morceau en *si* bémol, ces notes doivent marcher avec arrogance. Les notes qui se présentent comme appogiatures ayant un peu de valeur, les retards et les suspensions sont accentués, ainsi que les premières notes de la mesure des temps forts et des groupes. Les traits qui montent vers un point d'orgue marchent en diminuant de mouvement et en augmentant du son, soit progressivement ou par secousses jusqu'à la dernière note. Dans les traits longs on doit remplacer par la pédale forte ce qui manquerait dans l'augmentation du son.

L'augmentation du son suit parfois l'augmentation des notes de l'harmonie, voyez le n° 98.

Une question importante m'a été posée : celle de savoir si on doit constamment suivre l'expression. Czerny attaque les auteurs modernes sur le trop d'indications qu'ils mettent et qui font douter de leurs véritables intentions. Pour moi, depuis que je me suis donné à cela, j'éprouve un besoin de l'appliquer dans tous les passages ; je trouve très-froid celui qui n'en a pas ; je m'imagine toujours que c'est la difficulté qui en est cause, et cela me fait supposer de la peine chez l'exécutant, et parfois je partage même cette peine ; l'âme de l'artiste doit trouver une pensée dans chaque phrase, dans chaque trait, autrement une comparaison exacte il y aura entre lui et un orgue de Barbarie qui ne peut nullement sentir. Ainsi, l'expression ne doit jamais être importune, car la musique alors a bien plus d'attraits et pénètre mieux dans l'âme ; il faut pourtant la traiter convenablement ; chaque mesure, chaque intervalle où chaque phrase possède de l'expression dans les mouvements lents, mais il faut beaucoup de tact et d'habitude pour ne pas altérer le rhythme mal à propos, en pressant ou ralentissant le mouvement, et en accentuant les notes faibles aux dé-

pens de celles qui doivent le plus figurer. On peut
cependant, dans un trait facile, qui est à la portée
de tout le monde, sacrifier le rhythme à l'expression,
car la régularité se rend parfois ennuyeuse, voyez
n° 99. Il en est de même du son, lorsque les traits
sont trop longs et qu'ils vont en diminuant ou en
augmentant; pendant le cours de la diminution on
peut ranimer le son, voyez figure 100, le *ré* du
troisième groupe de la mesure peut recevoir une
brusque augmentation de son comme si c'était un
intervalle éloigné. Le rapport qu'établissent entre
les phrases musicales le contrepoint, le canon, la
fugue et les autres divers genres d'accompagnements, donnent lieu à des modifications aux règles
que nous avons données sur l'expression. La
figure 101, par exemple, est une proposition liée
par le contrepoint par mouvement contraire à la
figure 102, ce qui permet de les faire marcher toutes
deux à la fois; or, s'il existe tant de relation entre
ces deux phrases, il sera bien permis d'échanger le
genre d'expression; c'est précisément ce qui arrive
dans la figure 102 qui, bien qu'elle marche en descendant, peut augmenter de son comme la fig. 101,
par la seule relation qu'elle a avec cette dernière
qui marche en montant. Le même calcul s'établit
pour la figure 101 qui, bien qu'elle monte, peut
diminuer de son et de mouvement.

On forme son goût plus facilement en chantant ou méditant le chant qu'en exécutant. Les romances et les morceaux d'opéra surtout, est la musique qui prédispose le mieux l'âme à la sensibilité. Tels sont les matériaux qu'on peut mettre à la disposition de l'artiste exécutant, mais c'est encore à son génie à les appliquer à propos et à les modifier selon l'impression du passage.

Exécution.

On trouve rarement des pianistes qui, dans le choix des morceaux de piano qu'ils destinent pour exécuter en public, veuillent rester au niveau de leur force. La prétention de vouloir marcher au plus tôt sur les pas de nos grands maîtres et de les imiter, leur fait entreprendre des morceaux qu'ils sont obligés de travailler jusqu'à lassitude; mais regrettant le travail qu'ils y ont mis ils font encore un effort pour traîner le morceau avec un peu de mesure jusqu'à la fin, et c'est dans cet état qu'ils le présentent en public; aussi ce n'est pas étonnant d'entendre un jeu inégal, sans grâce ni expres-

sion, sans vie, et qu'on est obligé de pousser par
sauts et par bonds, ou par des coups brusques qui
emmènent le chant comme par rafales, à la manière du son des cloches qui, dans une bourrasque,
approche et éloigne tour à tour. Afin de cacher les
fausses notes et celles qu'ils ne font pas, ils tiennent constamment baissée la pédale forte, augmentant ainsi la confusion ; et, pour frapper l'imagination de ceux qui se laisseraient surprendre, ils
donnent des coups prodigieux de bras et de poignet
pour produire au milieu du grand bruit l'expression
qu'ils simulent d'une manière barbare.

Ils préfèrent en imposer par des morceaux d'une
difficulté inextricable, qu'ils ne pourront jamais apprendre, que de chercher à plaire par des morceaux simples, exécutés avec aisance, netteté et
précision ; le public ne perdrait rien dans l'échange
et goûterait alors vraiment la musique, au lieu de
se contenter de l'apprécier par les yeux.

Mais cela devait subir le même sort de ces choses
qui ne doivent produire de l'effet que par l'appareil extérieur. Tel est précisément l'état du piano
en France, où l'habitude de déchiffrer constamment
de la musique pervertit le sentiment musical, en
faisant perdre la patience de s'arrêter quelque temps
dans un morceau ; tandis qu'en Italie, et dans les
autres pays du midi, où la musique produit des

impressions plus fortes, on aime entendre souvent
le même air jusqu'à ce que l'âme en fasse sa possession ; alors elle s'identifie et pénètre mieux dans
le secret du langage d'expression, qui est le plus
bel attrait de la musique.

Il y a des pianistes qui croient être à l'abri de la
critique avec un jeu confus et embrouillé ; j'en ai
connu parmi ceux du second ordre, jouissant d'une
réputation au-dessus de leurs talents, qui dans leurs
concerts préféraient se servir des pianos droits, qui
ont plus de vibration que les carrés, où le son est
plus sec, et met par conséquent le jeu plus à découvert. Mais ils se trompent grossièrement, car
une exécution ne plaît qu'autant qu'elle est claire,
nette et expressive, et qu'une note frappée faiblement produit sur le pianiste connaisseur le même
effet qu'une voyelle manquée dans la prononciation
d'un mot ; on ne doit pas ignorer que quand on
connaît le même morceau on peut remarquer toutes
les difficultés qu'éprouve l'exécutant ; les altéra-
tions de la mesure, les notes tombées, les changements des doigts, les mouvements en dedans et en
dehors, la peine qu'on prend, et les tricheries,
rien n'échappe à l'œil vigilant de l'artiste intelligent.

En somme, une mauvaise exécution ressemble à
ces orgues à cylindre qui manquent des pointes,

d'où il résulte un jeu dont les idées n'offrent ni sens ni liaison.

Il n'est pas difficile de faire entre deux pianistes qui exécutent le même morceau en mesure la même différence qu'on fait entre un enfant qui lit et un orateur qui déclame.

Lorsqu'on pense cependant au travail fastidieux que le pianiste est obligé de faire en revenant sur la même touche à d'innombrables reprises, on comprend que cela doit donner lieu aux défauts précités.

Mais, quoi qu'il en soit, l'exécution doit être consciencieuse, les phrases doivent être rondes, les traits, les mesures, les intervalles doivent être travaillés scrupuleusement; tout doit être exécuté sans efforts et avec précision, de manière que celui qui ne connaîtra pas le morceau, s'il est connaisseur, puisse suivre toutes les transitions des accords de l'harmonie, ainsi que toutes les notes de la mélodie. L'exécutant doit chercher à faire comprendre et interpréter ses phrases en évitant l'usage trop fréquent de la pédale. Rien non plus ne doit démentir la position aisée que le pianiste présente en face de son instrument, qu'il doit manier avec élégance. Après avoir étudié la pensée de l'auteur, il est permis d'adjoindre dans l'exécution l'expression de sa propre pensée; car, comme dit Cheron, un récitant habile ne s'asservit strictement à ce que le compositeur a noté : ici il orne le texte, là il simplifie ; il altère une valeur aux dépens d'une autre, et par ces modifications qu'il imagine il se rend, pour un moment, propriétaire et auteur de ce qu'il exécute.

Certains pianistes ont une propension irrésistible à presser le mouvement plus qu'il ne faut, et ils se fatiguent avant d'arriver à la fin ; parfois cela dépend du peu d'attention dans l'étude, où la familiarité du morceau qu'on a rabâché si longtemps rend insupportable le mouvement ordinaire ; la vivacité de l'imagination est cause de cela aussi : il faudra la modérer.

Il faut un soin particulier pour marquer les basses d'accompagnement, parce qu'elles sont d'un effet important et extrêmement nécessaires dans le changement de transitions ; elles sont difficiles à faire par les sauts qu'il faut faire (figure 103) ; les élèves donc ne sauraient apporter trop d'attention.

En changeant de piano le pianiste doit apporter toute l'attention possible pour avoir la même position qu'à son piano d'étude ; car on est extrêmement gêné ordinairement quand on ne tient pas la même place.

Observations.

J'essaierai de traiter ici une question dont les conséquences pourraient la rendre épineuse et difficile, parce qu'elle combat une habitude qui pourrait soulever des plaintes de la part de nos collègues.

Mais comme un auteur ne doit avoir en vue que le progrès du sujet qu'il traite, nous nous occuperons plutôt de la bien établir que des raisons personnelles qui pourraient l'attaquer.

Jusqu'à aujourd'hui on a fait sacrifier à l'élève un temps immense pour lui apprendre à solfier avant de commencer le piano, disant que sans ces notions il ne pouvait pas avancer; on cherchait à lui former l'oreille, à lui apprendre la mesure, la valeur des notes, etc. C'est ainsi que cela se pratique, même dans plusieurs conservatoires. Mais comme dans le piano il n'y a que le mécanisme qui embarrasse, et qu'il est parfaitement reconnu que l'oreille la plus ingrate ne peut nullement s'habituer à jouer faux sur le piano où les sons sont justes et déterminés par des accompagnements plains, il s'ensuit que l'oreille se forme mieux qu'avec un autre instrument qui souvent n'est pas franc dans l'émission de ses sons, et qui gâte par conséquent l'oreille.

On peut facilement se convaincre que les élèves exécutent mieux la mesure par la combinaison des notes des deux mains qu'en chantant, parce que la division et la comparaison des notes d'une clef avec l'autre vient au secours du calcul abstrait; le mouvement étant toujours marqué par l'une des deux mains, il est difficile de le diviser, d'y appliquer les notes de l'autre, et de remarquer s'il est régulier ou s'il ne l'est pas; ensuite il y a toujours dans l'uue des deux mains des notes de la même espèce dont la régularité des coups guide parfaitement la mesure, et rien n'est plus facile à observer que la régularité des coups.

Quant à la théorie, l'élève en comprend plus dans le premier accord qu'il fait, que le professeur de solfége ne pourra lui en apprendre en trois mois par la seule théorie, car par les images, nos yeux deviennent parfois la seconde partie de notre intelligence; c'est au professeur de piano à entretenir son élève sur les principes de l'harmonie ou de la mélodie à mesure que les cas se présenteront, mais il le fera avec clarté.

Ainsi le solfége servira tout au plus pour cultiver la voix de ceux qui se destinent à la carrière théâ-

trale, pour monter une ou deux notes de plus par
les vocalises ; encore s'ils ne forcent pas la voix
pour gagner ces notes hautes qu'on cherche, je
croix que ce résultat ne s'obtient pas.

On nous objectera que les pianistes chantent des
romances et des morceaux d'opéra, ce qui n'entre
plus dans la question du piano ; mais une chose
à remarquer pour la question qu'on nous adresse,
est qu'on commence à solfier à six ou sept ans, ce
qui au contraire devrait être fait après, par la
raison qu'il serait plus facile de travailler la voix
lorsque l'oreille s'est familiarisée avec les sons et
qu'elle peut les distinguer lorsque ce n'est que
pour chanter entre amis, et puis la facilité avec
laquelle des oreilles incultes chantent même agréa-
blement des morceaux d'opéra, nous fait comprendre qu'une oreille qui a de plus l'avantage de
se soutenir par les accords peut bien se dispenser
de fredonner timidement avant de commencer le
piano.

Il y a des professeurs qui fardent leurs élèves de
demandes et de réponses qu'ils ne font pas comprendre, parce qu'elles ne sont pas développées ni
coordonnées pour leur âge, leur esprit, ni pour leur
mémoire, et qu'elles ne sont pas graduées. Le professeur qui ne veut pas faire un simple perroquet
de son élève et qui veut le préparer à l'introduction

de l'harmonie lorsqu'il lui fera exécuter une phrase,
une proposition, un intervalle ou un accord,
pourra lui faire les observations qu'il pourra mettre
à sa portée en se servant toujours des mêmes
mots et définitions adoptées par nos théoriciens; il
lui parlera toujours le langage de l'art, il lui expli-
quera les divers préceptes qu'il sera à portée de
comprendre, il le fera raisonner sur ce qu'il jouera.
La plupart des pianistes sont imbus d'un prestige
fabuleux pour les gammes. Les élèves se vantent,
les uns d'en faire mille par jour, les autres quatre
mille; dans leur absence, les professeurs recom-
mandent à leurs élèves d'en faire au moins vingt
mille par semaine; on ignore jusqu'où peut encore
arriver cet enthousiasme. Avec toute la réflexion
possible que nous avons pu faire depuis que nous
entendons parler de ces sortes de recommandations,
nous n'avons pas pu trouver ce trésor caché qu'on
suppose aux gammes, rien n'est venu nous faire
penser qu'elles facilitent les distances, donnent de
la force aux doigts, aident à apprendre un morceau
par cœur, ni à déchiffrer : renfermeraient-elles beaucoup de phrases? non, elles sont régulières, suivies,
ne marchant que dans un sens; établiraient-elles
donc un doigter pour elles? c'est incontestable,
mais on ne peut pas supposer que les phrases ren-
contrent le doigter de leur gamme dans la phrase

où le doigter doit être préparé pour la phrase suivante qui dérive précisément d'une gamme tout à fait opposée ou d'un trait qui marche par des intervalles de tout genre; en somme, le doigter des phrases ne doit pas être mieux préparé par sa gamme, qu'on peut préparer celui de ces phrases où la difficulté ne peut se vaincre que par un travail long, d'ailleurs le doigter est marqué et arrêté presque partout, la théorie et les règles raisonnées que nous avons données après un calcul mûr, profond et réfléchi, doivent guider mieux, sans doute, l'élève que tous ces cas expliqués et non raisonnés.

On a voulu supposer aussi qu'elles donnaient de la volubilité aux doigts, cela semblerait plus probable pour les phrases qui en dérivent; mais encore ces phrases avec leurs gammes correspondantes ont vieilli et disparu des productions modernes; là où est la véritable difficulté, les gammes pour les complications du piano deviennent de fort petites choses et de peu de secours pour conduire le doigt paresseux qui ne peut pas se rendre sur la touche. Par l'exposé de notre théorie, on comprendra mieux l'influence des gammes sur l'étude du piano, et on saura faire la part qui leur revient ainsi que la véritable manière de disposer du temps de l'étude d'une manière plus efficace.

Improvisation.

Quelques auteurs, en donnant des conseils sur l'improvisation, ont oublié le principal avis, qui est la théorie; ils permettent aux pianistes d'improviser par la seule lecture de la musique qu'ils ont pu faire : c'est vouloir parler une langue qu'on a seulement entendue, et qu'on n'a pas apprise par principe.

Ainsi un étranger qui voudrait déclamer devant un auditoire par ce seul moyen serait trouvé ridicule.

L'improvisation exige une grande familiarité dans le mécanisme du clavier, de la mémoire musicale, de la vivacité et une imagination peuplée d'idées. Encore il faut posséder quelques règles pour bien développer les idées; il faut aussi pouvoir être au-dessus de l'impression que produit le public, car la moindre fausse note qu'on craint de faire réveille une espèce d'inquiétude qui nous jette malgré nous au milieu de la difficulté, nous embrouille, et nous fait perdre le fil des idées. On doit donc combattre la propension qu'on a à presser le mouvement et à compliquer l'exécution; une idée doit

être développée posément pour mieux varier l'harmonie, car en cherchant à en imposer par des vo-
lumes de notes, défaut ordinaire, on produit un
jeu monotone. Le genre lent et expressif serait le
seul qui conviendrait dans ces cas-là plutôt que le
brillant qui nous·jette aussi dans la difficulté immédiatement.

On doit s'abstenir également de se lancer dans
les airs variés qui demandent une force supérieure.
Le style large ainsi que le récitatif expressif con-
viendraient.

Transposition.

Il y a des voix qui montent plus qu'elles ne
baissent, d'autres qui baissent plus qu'elles ne
montent, et par conséquent toutes ne pourront pas
aussi bien chanter le même morceau avec l'accompagnement qui est écrit. La transposition facilite le
moyen de mettre tel chant que ce soit au diapason
de toutes les voix; mais comme tout le monde ne
possède pas la théorie de l'harmonie, il y a un
moyen mécanique qui permet de transposer facile-

ment. Si le morceau, par exemple, doit descendre
d'un ton, il faut que toutes les notes soient considé-
rées un degré plus bas, et qu'on suppose à la clef
les dièses ou bémols que le ton majeur ou mineur du
modèle exigera, et lorsqu'il arrivera quelque acci-
dent il faudra compter quel est l'intervalle de la note
précédente à la note accidentée, pour donner au
ton transposé la même distance. S'il arrivait quelque
accord nouveau tout chargé de bémols ou de dièses,
ce qui n'arrive pas souvent, il faudrait voir sur
quelle note de l'accord ou de la gamme il repose,
et le copier dans tous ses intervalles majeurs ou mi-
neurs, c'est-à-dire dans autant de touches ou demi-
tons qu'il y a de l'accord précédent au nouvel accord, comme dans autant de degrés qu'il y aura
d'une note à l'autre ; le même calcul doit être observé lorsqu'on descendra ou montera le ton dè
deux, trois ou quatre notes, et avec un peu d'exercice on parvient tout de suite à transposer par ce
moyen, les parties de baryton pour soprano et
celles de ténor pour basse-taille ou contralto.

CHAPITRE VI.

Qualités physiques.

Plus un corps est faible et petit, plus il est obligé de redoubler d'efforts pour mouvoir la même touche que meut un corps grand; mais la nature, toujours prévoyante à compenser tout, n'a pas même oublié les petites tailles pour le piano, car, quoiqu'il semble y avoir une grande disproportion entre certains doigts longs, nerveux et puissants, qui résistent longtemps aux efforts, et entre les minces et les petits, les premiers ne sont jamais doués d'autant de souplesse pour se caser entre les touches noires, sans les baisser avant la blanche qui est au milieu, de facilité pour éviter la touche dans les distances, ni d'autant de volubilité. Et si les premiers ont la faculté de faire entendre dans la difficulté toutes les notes, en donnant, par des efforts nerveux, du mouvement même aux doigts les plus faibles et d'en imposer par leur jeu bruyant, confus et brusque, ils n'ont pas autant de vélocité, d'adresse, d'égalité, ni de clarté dans l'exécution que les seconds, lorsqu'ils ont vaincu la difficulté; car il leur est plus difficile d'attraper deux touches à la fois, lorsqu'ils frappent surtout sur la tige de la touche, parce que leur bout n'est pas aussi large.

Du côté de la force il semblerait y avoir de la différence, mais notre manière de frapper supplée au défaut de la nature, car avec beaucoup moins de force on a un jeu plus vigoureux que lorsque doué de la puissance des muscles on fait des efforts qui souvent finissent par fatiguer totalement les doigts les plus forts. Nous avons, je crois, prouvé la difficulté d'apprécier la distance, où se résume tout le travail du pianiste; s'il est vrai que les petites tailles sont douées de plus de volubilité dans les mouvements, il s'ensuivrait qu'elles l'apprécieraient mieux et plus vite; alors cela compenserait sans doute les avantages des autres mains et limiterait le sens de l'assertion de M. Levacher D'..., qui prête plus de difficulté pour exécuter aux petites mains qu'aux grandes, par rapport à la position écartée des doigts qui perdent de leur force et de leur agilité. Ainsi on voit que ni le doigt vigoureux, ni le petit, qui ne sort pas cependant de la grandeur ordinaire, n'abrègent pas par leur différente conformation le temps de l'étude, malgré la différence d'avantages.

Comme il existe de la différence dans les formes du corps, il doit en exister dans la conformation de leurs parties. Cela nous est prouvé par l'anatomie à laquelle M. Levacher D'... a emprunté ce même principe dans sa brochure, où il parle de la différente conformation des doigts.

Cette différence s'observe dans les doigts mous qui manquent pour ainsi dire de nerf; on les reconnaît à la facilité de plier et fléchir en tous sens, et de se tordre de tous côtés; ces doigts manquent d'énergie et ne sont nullement aptes au piano.

Il y en a qui ont une dimension plus courte que le corps.

D'autres dont la longueur n'est pas proportionnée à la longueur de la main qui, parfois, est très-étroite et prive les doigts de leurs écartements.

Les attaches ou brides qui lient les doigts sont parfois très-fortes et plus tenaces, par conséquent, à laisser ouvrir les doigts.

On trouve quelquefois la peau de l'ouverture des doigts très-éloignée de leur première articulation; cela doit nécessairement gêner leur extension, bien que cela soit la moindre des résistances.

Tous ces défauts de conformation sont autant de difficultés plus ou moins fortes qu'il est utile de combattre. Nous n'oublierons point à cet effet le conseil que nous donne M. le docteur Auzias-Turenne, de bien entretenir les mains par l'usage de bains locaux émollients de lait et de guimauve, afin d'adoucir la peau pour faciliter l'extension des doigts, en distendant le ligament transversal.

De l'âge pour commencer.

Tant que les organes se développent et que l'esprit est souple, on peut faire des progrès; mais passé l'âge de la flexibilité, on ne peut qu'entretenir la force qu'on a acquise, et jouer des morceaux de cette force, car en se lançant dans la difficulté on croit pousser en avant, mais hélas! ce sont de vains efforts : on réchauffe aujourd'hui les doigts, on croit qu'on peut compter sur le morceau, et le lendemain, après une étude obstinée, on ne trouve que des organes inertes et glacés; on redouble d'efforts qui deviennent toujours inutiles, parce qu'on n'aperçoit pas, dans le moment, que c'est se débattre contre des organes inanimés.

Nous avons fait voir combien il était difficile de déchiffrer à la première vue; une des principales causes est celle de n'avoir pas commencé de bonne heure ou d'avoir discontinué. L'âge le plus propice pour commencer est depuis six jusqu'à quinze ans; c'est pendant ce temps que le progrès est plus rapide, car l'esprit jusqu'alors n'est pas préoccupé par la multitude d'images dont il se peuple en avançant dans la vie, et la mémoire est moins chargée; elle est plus fraîche pour retenir le moyen dont l'esprit se sert pour débrouiller les inextricables complications qui l'arrêtent sans cesse.

En arrivant à un âge avancé les organes ne se portent plus aux distances que l'esprit n'apprécie plus déjà à trente-cinq ans, avec autant de prestesse qu'à douze.

M. Levacher, qui permet de commencer le piano à cet âge, par rapport à la force qu'il parvient à donner au quatrième doigt, a dû sans doute remarquer, s'il a eu quelque élève aussi âgé, la peine qu'il a pour fixer l'attention sur toutes les minuties du piano et la facilité avec laquelle il oublie le peu qu'il acquiert dans la leçon. J'en ai eu à cet âge; mais je puis certifier que j'étais obligé de lui tenir prêtes toutes les particularités du piano et de faire suivre son esprit comme on le fait suivre lorsqu'on parcourt de nuit et sans lumière une maison qu'on connaît; encore lorsque je parvenais, avec peine, à le faire toujours marcher en lui dirigeant toutes les opérations, il les confondait ou les perdait.

Les femmes, dont l'adresse pour lire la musique
surpasse celle des hommes, prouveraient que leur
esprit étant moins sérieusement occupé que celui
des derniers, serait plus apte par cette seule et
unique raison.

Position du corps et de la main.

Le corps doit toujours conserver la même position et la même distance pour que les bras décri-
vent toujours la même ligne. Il doit être placé au
milieu du clavier, afin que les deux mains puissent
se croiser avec égale liberté. Le dessous de l'avant-
bras doit se trouver au niveau des touches; mais
c'est surtout sur la main que doit se concentrer
l'attention : elle doit se poser gracieusement, taqui-
ner les touches, les châtier, les caresser, parfois,
se mouvoir majestueusement, combattre ces poses
estropiées; enfin s'identifier, pour ce qui est du
ressort des mouvements, avec les idées musicales,
sans exagération, ni mouvements du corps, soit
affectés ou vicieux, ce qui sera facile à remarquer :
1° lorsque la main se porte aux octaves éloignées,

où la crainte qu'elle s'égare fait serrer l'arrière-bras contre les aisselles et accompagner par le corps ; 2° il en est de même de la main en la tenant levée sur le clavier, elle conserve parfois la position forcée et pénible qu'elle a eue dans un accord étendu qu'on vient de faire, ainsi qu'en passant d'une note basse à un accord éloigné, la peine de manquer la distance fait ouvrir la main déjà avant d'y arriver, ce qui, joint à l'attention dans laquelle on se trouve, donne un air comme effrayé. Les mouvements des doigts doivent être réguliers et naturels, ce qu'on obtiendra après s'être rendu maître d'eux, en les faisant taper fort au commencement.

Tout enfin doit être aisé au piano, même l'attention et la précaution avec lesquelles on accompagne parfois les doigts et la main doivent disparaître.

Du Piano.

A mesure que les pianos ont augmenté en volume pour faire place aux nouvelles complications du mécanisme, la dureté du clavier s'en est suivie ;

11

on a salué cet incident fortuit comme une bonne
trouvaille, pour fortifier les doigts en les torturant
en pure perte, car les claviers n'ont été rendus durs
que pour l'étude et non pas pour l'exécution, ils
ont été faits pour des mains grandes et non pour
des petites; aussi, malgré la supériorité de ceux
qui se fabriquent à Paris sur tous les autres, ils sont
redoutés dans les pays du Midi, où les tailles hautes
sont plus rares que dans le Nord; et, en effet, c'est
fortifier une partie pour la surcharger de travail, en
même temps que l'action du bras n'y perd rien, car
nous ne pouvons pas nous empêcher de répéter que
c'est la seule action du doigt qui le fortifie, ainsi
que le seul effet de la volonté et de l'attention qui
doivent rendre le mouvement indépendant; telle
est aussi la vérité reconnue par M. Levacher D'....,
bien qu'il croie d'un autre côté que l'usage des
appareils soit indispensable, lesquels seraient, nous
n'en doutons pas, de quelque utilité si, dans l'a-
dresse des mains, ou même par cet instinct des
artistes, à appuyer le quatrième doigt sur les meubles, tables, etc., dont parle le même auteur, on
ne pouvait obtenir le même résultat, et moins utile
encore sans l'effort, comme nous avons dit, de la
volonté et de l'attention, car alors l'appareil devient
ce qu'est un morceau de bois. S'il est donc reconnu
que les appareils ne font que faciliter les efforts de

la volonté et de l'attention, qui refusera de croire
que plus on dépenserait de cette attention, plus le
résultat serait prompt aussi bien sur le levier de la
touche le plus docile et obéissant, que sur le plus
forcé et le plus lourd? Je conviens que les frais de
volonté que cet exercice exige, seraient pour l'élève
ennuyeux et pénibles, tant parce que le progrès
qu'on obtient n'est pas visible pour lui, comme par
la difficulté de saisir la manière de concentrer l'action dans les doigts, mais on pourrait adapter aux
claviers des ressorts ou quelque autre moyen qui les
rendraient durs ou doux à volonté et avec le degré
qu'on désirerait, soit pour l'étude ou pour l'exécution de chaque force des mains; cela serait bien
mieux, pour ne pas voir des élèves, après de pénibles efforts pour apprendre un morceau, perdre
le fruit du travail de l'étude devant ces claviers in-
flexibles : on apprendrait plus tôt la musique qu'on
exécuterait bien mieux; il n'y aurait plus cette
continuelle lutte de la faiblesse des doigts contre
les efforts de la volonté; l'inégalité de la force des
doigts serait alors le seul obstacle à vaincre.

On avait cru, dans un temps, que les doigts forts
n'avaient pas de jeu devant un clavier mou, mais
cela venait de l'inégalité de leur force qui, dans
les efforts qu'ils étaient obligés de faire, éloignait
des doigts forts l'attention trop fortement concen-

trée dans les faibles. Mais encore, que devient la force qu'on acquiert sur un clavier dur? N'est-elle pas inutilement employée par le degré de dureté de ce clavier? la main y est-elle plus adroite? les doigts paresseux sont-ils mieux mis à la raison par ce moyen? Que les pianistes ne se laissent pas surprendre par des arguments si peu fondés, et dont la cause se trouve peut-être dans la difficulté des facteurs à trouver le moyen d'empêcher que le marteau de la touche ne reçoive la même impulsion que le levier qui le pousse, et qui casse les cordes quand il est mû trop brusquement.

Des Pédales.

On ne met ordinairement la pédale forte que pour les notes d'en haut lorsque le trait commence dans le médium et marche par un crescendo, dans les basses d'accompagnements pour marquer sensiblement la note tonique qui a amené le changement du ton, dans les chants martials qui marchent en accords, ainsi que dans le style large et harmonieux.

Comme elle prolonge le son on doit l'étouffer avant le changement de ton, pour que les sons en se rencontrant ne produisent pas de la confusion; il faut donc la lever avant que le premier son du nouveau ton soit donné.

Dans la combinaison des deux pédales, les basses ni l'accompagnement ne doivent pas être trop marqués, pour ne pas cacher le chant que la pédale céleste rend trop faible.

Suites d'une exécution vicieuse.

Nous sommes heureux, tout en rendant un service à l'humanité, de pouvoir appuyer notre théorie par l'exposition des suites fâcheuses causées par une exécution vicieuse, par des efforts pénibles et fatigants, par la crainte de faire faux, ainsi que par de continuelles complications, qui en occasionnant des mouvements vagues, nous jettent dans des embarras et produisent du côté du cerveau un malaise pénible qui provoque la toux chez certains individus, en surexcitant le système nerveux. Nous pouvons si bien constater le fait, qu'après l'avoir

remarqué chez les autres, nous nous sommes trouvés dans la nécessité d'en chercher la cause pour
en arrêter le progrès; ainsi que vont le prouver les
détails que nous allons donner.

Lorsque je me suis trouvé fatigué d'un travail
long et pénible, j'ai remarqué une espèce d'irrita-
tion qui me provoquait la toux toutes les fois que
je venais de jouer; dans la crainte que cela m'ins-
pirait pour ma santé, je consultai les médecins
qui l'attribuèrent au travail de la plume; mais
comme avant de commencer mon ouvrage, je crus
pouvoir observer déjà quelques symptômes lorsque
je venais d'étudier sur le piano avec trop d'ardeur,
je me méfiai de cette décision, et je voulus l'attribuer à l'instrument pour voir si j'en découvrirais la
la vérité; aussitôt il me vint à l'esprit que les médecins m'avaient, dans un temps, enlevé des élèves
par la même raison. J'ai voyagé en Italie, en Es-
pagne et dans le midi de la France, et j'ai remarqué que ces irrritations étaient très-fréquentes dans
ces pays. J'ai aussi remarqué que parmi les pianistes du Nord elles étaient plus rares. J'ai eu l'occasion après de faire connaissance d'un amateur chez
qui, aussitôt qu'il se mettait au piano, la toux était
provoquée instantanément et augmentait à mesure
qu'il avançait dans le morceau; et malgré l'état
piteux de sa poitrine, il continuait toujours jusqu'à

ce que la toux dominât sur le chant. Cela me fit
rappeler un sermon que j'avais entendu dans une
église d'Italie, où l'onction du prêtre excita des
sanglots dans l'auditoire, et à mesure qu'il redou-
blait d'éloquence, les pleurs et les sanglots ren-
daient impuissants les efforts de sa voix qui ne
s'entendait plus à la fin.

Étant encouragé par tous ces exemples, je voulus
encore m'assurer du fait lorsque l'état altéré de ma
santé me permettait de sentir l'effet de cela.

C'est principalement lorsqu'on joue en public un
de ces morceaux qui sont au-dessus de notre force,
que nous nous sommes plus fortement convaincu
que le piano était la cause de ces tristes conséquences. Dans ce moment-là, lorsque la difficulté
se présente, on la prévoit déjà par l'étude qu'on y
a faite, le malaise s'empare tout de suite de nous, on
fait des efforts du poignet, du bras et du corps.

En avançant dans le morceau, on redouble d'efforts; la mélodie alors commence à être confuse;
on guette vivement au passage les notes faciles qui
peuvent la déterminer, en les frappant brusquement,
on veut cacher celles dont la difficulté augmente la
confusion ainsi que l'embarras. A mesure qu'on
avance dans le passage difficile, on redouble d'efforts qui commencent à épuiser la force des doigts
dont l'action disparaît pour l'esprit dans le mouve-

ment que prend tout le corps ; ici s'engage une lutte
terrible, on veut frapper fort pour que la main ne
s'égare pas, et on veut la retenir en l'air dans la
crainte de faire de fausses notes, mais c'est ici surtout que la crainte se déclare, après ces efforts
pénibles, si la main tombe on ne trouve plus de
force, malgré les efforts continuels qu'on fait, on
la sent disparaître du clavier, la puissance musculaire est mise en mouvement par toutes les parties
du corps, tout l'appareil nerveux est en commotion,
et si par bonheur on finit sans être obligé de s'arrêter, on est sans mouvement, harassé, excédé de
fatigue, sans avoir l'usage de la parole pour répondre au premier abord, et la toux après si l'état
de la poitrine ne l'a pas déclarée avant. Tout ceci
joint aux mouvements du bras qui répondent à la
poitrine, devait nécessairement plonger dans un
état spasmodique ceux même qui sont doués de la
constitution la plus robuste.

Lorsque j'ai entendu Liszt et Thalberg, j'ai remarqué qu'ils avaient l'air fatigué à la fin d'un
morceau ; j'ai su après que le premier se plai-
gnait alors d'avoir la fièvre ; j'ai entendu dire la
même chose du célèbre violoniste Olle-Bull, le plus
jeune talent de nos jours. On n'ignore pas sans
doute les soins que Paganini était obligé de prendre
à la fin d'un concert. A l'appui de tout ceci, je

citerai encore MM. Kalkbrenner et Levacher D'....;
le premier recommande l'usage du guide-main,
afin, dit-il, de ne pas se faire mal à la poitrine ; ce
qui serait parfaitement juste, empêchant par ce
moyen l'intervention du bras qui ne peut plus provoquer celle du corps, etc. Le second dit ailleurs,
qu'un mécanisme forcé peut devenir dangereux
pour la poitrine et l'estomac.

Nous croyons avoir assez prouvé que ces suites
fâcheuses prennent leur origine dans le défaut du
mécanisme, dans ces efforts pénibles du corps dont
le bras répond à la poitrine, ainsi que dans ces moments d'embarras, vis-à-vis la difficulté qui doit
toujours suivre la même progression que le développement de la force des doigts, sans quoi, plus on
la bravera plus on s'exposera à être victime de ce
qui a peut-être abrégé l'existence de tant d'incon-
sidérés qui ont voulu sortir de la médiocrité par
des moyens si coûteux.

Quelque insignifiants que ces avis puissent être
pour ces personnes douées d'un tempérament robuste et d'une grande force pour lesquelles cela
pourrait encore devenir sérieux par un trop grand
abus, ils deviennent surtout graves pour celles où
le système nerveux prédomine ; celles-ci sont obligées d'apporter le plus grand soin dans l'étude
pour ne jamais presser le mouvement, de bien

appliquer les doigts contre les touches sans crainte, car la fréquente reproduction des choses les plus insignifiantes devient à la fin sérieuse.

Ils doivent suivre toujours les doigts et s'arrêter devant les faibles pour les faire frapper franchement et sans peine, et éviter le malaise, en n'exécutant que des morceaux au niveau de la force des doigts. Je puis dire, que lorsque j'étais indisposé, je souffrais de voir la peine que prenaient mes élèves; on aurait dit que les notes qu'ils manquaient répondaient à ma poitrine. Un fait à peu près semblable est venu me prouver définitivement la part que la poitrine prend dans ces suites fâcheuses. Un jour que je voulus essayer sur un amateur, que le piano avait aussi fatigué, si en fouettant fortement la touche il ne serait pas affecté, il fut obligé de me dire immédiatement que cela lui répondait à la poitrine et lui faisait mal, quoique mes efforts fussent libres et indépendants.

Je ne parlerai pas des autres incommodités, qui sont sans doute le résultat de ces efforts, comme par exemple ce qu'on appelle oppressions, des douleurs à la ceinture, à la clavicule, etc., que j'ai senties après quelque temps de travail d'étude, et que les autres pourraient aussi sentir dans le même cas.

Je ne pense pas, comme quelques-uns l'ont prétendu, qu'en traitant ce sujet je détourne des pianistes de cet instrument. Je crois, au contraire, qu'en exposant des résultats avec leurs causes, il est beaucoup plus facile d'en appliquer le remède. D'un autre côté, il est difficile de présumer que cela porte à l'art la moindre atteinte, en considérant l'élan général et la résistance qu'opposerait l'expulsion d'un peuple aussi nombreux que les pianos casés dans des lieux aussi inaccessibles.

La conclusion de tout ceci est que toutes les fois qu'on frappera mal il s'ensuivra deux inconvénients : celui de fortifier la partie qui a contribué aux dépens de la force des doigts, et celui de s'exposer à quelque danger; et la preuve la plus concluante qu'on a mal appliqué le doigt contre la touche, sera la peine qu'on éprouvera lorsqu'on sera prédisposé à cela.

PROGRAMME

Nous tracerons les premiers pas qui doivent guider l'élève pour la première fois en face du piano. Ce ne sera point un aperçu adressé aux professeurs qui se seront arrêtés à une autre marche dans l'enseignement; il servira plus spécialement aux jeunes débutants dans la carrière du professorat, aux mères possédant quelque notion de l'art, qui, ayant le regret de ne pouvoir pas se procurer un bon professeur, désireraient entretenir leurs enfants sur de bons principes, en attendant mieux, et enfin à tous les professeurs qui, en l'absence d'un autre programme qui n'existe dans aucune méthode, désireraient se fixer à un mode d'enseignement.

Toutefois nos principes seront basés sur la longue expérience par laquelle nous avons passé, sur les soins assidus que nous donnons depuis longtemps, ainsi que sur la manière dont nous avons vu que plusieurs de nos collègues procédaient à cet égard.

La facilité avec laquelle on oublie un morceau difficile qu'on vient d'étudier, même à un âge prématuré, et l'impossibilité de suppléer à cela en réchauffant même les doigts par tous les moyens possibles, moins que par le feu de l'intelligence du clavier, nous fait voir la maladresse des doigts plutôt que leur faiblesse, nous prouve en même temps que l'exécution du piano est entourée des plus grandes complications, et que ce n'est qu'en commençant à cet âge où l'empreinte des plis est plus marquée que l'esprit peut lutter contre cette insuffisance de force intellectuelle. Il est donc de la plus grande nécessité de commencer de bonne heure, ce qui, à mon avis, est *à sept ans au moins.*

L'exercice vocal n'ayant aucune connexion avec le mécanisme de l'instrument, et les principes de musique pouvant mieux se comprendre par le secours des accords du clavier, il est permis de croire *qu'on peut commencer avant de solfier.*

Première leçon. — La première chose qu'on a à faire avec l'élève, c'est de prendre connaissance des notes. Nous allons exposer un moyen qui, dans une seule leçon, permet d'apprendre toutes les notes, toutes les clefs, ainsi que toute l'étendue du piano, à tel âge que ce soit. Ce moyen consiste : 1° à faire apprendre par cœur les sept notes de la gamme; 2° à les réciter en mettant le doigt ou une

pointe quelconque sur la première ligne, tout en
disant *do ;* puis sur le premier espace, en disant *re ;*
ensuite sur la deuxième ligne, en disant *mi*, et
toujours faire passer le doigt ou la pointe de la
ligne à l'espace jusqu'à la cinquième ligne, en
nommant toujours les notes. C'est le premier exercice qu'on fera à plusieurs reprises ; le second exercice n'est que le premier, mais en suivant le même
calcul sur les interlignes en dessus qui tiennent
place des lignes et mettant un doigt de l'autre main
sur la touche *do*, pour faire avancer ce doigt en
montant de touche en touche, à la manière de la
pointe. Le troisième exercice est pareil au premier,
mais il va à l'inverse, en commençant par la cinquième ligne et nommant les sept notes de la
gamme en sens contraire. Ces trois exercices ont
pour but : le premier d'apprendre à appliquer les
notes sur les lignes et espaces ; le second à connaître
de la même manière les interlignes, et la marche
des touches qui est la même des intervalles ; le
troisième, à faire le même calcul en descendant.
Par ce seul moyen on connaît toutes les clefs, en
partant de la ligne ou espace qu'on voudra et prenant en même temps la touche qui devra repré-
senter cette même ligne, espace ou interligne. C'est
un moyen simple qui, dans une seule leçon, apprend plus que des pianistes de six ans n'en savent,

parce qu'on leur a appris note par note, et non par
une seule règle qui les apprend toutes à la fois
par la seule comparaison des intervalles avec les
touches.

Un petit morceau de papier ou quelque autre
signe marquera la touche qui fait *do* à la clef qu'on
déchiffre.

Deuxième leçon. — L'élève, placé en face du
piano, posera ses cinq doigts sur cinq touches consécutives pour les faire aller un à un, en tenant les
autres collés, afin de les fortifier, de détruire leurs
mouvements incultes et de concentrer l'attention
dans chacun des doigts. Dans cette même position
il fera des trilles du quatrième et du cinquième,
travail spécial qu'on devra faire pendant longtemps.

Le maître aura soin d'apprendre *à écarter les
quatre longs doigts* latéralement, soit par le moyen
des appareils, ou si l'on ne peut pas s'en procurer,
en mettant le poing entre les doigts et l'enfonçant
pour les écarter. A cet exercice on adjoint *l'écartement d'élévation du quatrième*, qui se fera en recommandant de l'appuyer sur les meubles qui se trouvent à portée, ou plus commodément sur la paume
de l'autre main. Un autre moyen encore serait
d'appuyer un doigt sur l'autre, en tenant les mains
jointes et couchant les autres doigts. Ce travail se
faisant tous les jours, un peu avant et un peu après

la leçou, suffit pour le recommander à l'élève et pour le lui rendre moins fastidieux.

Troisième leçon. — Tout en reprenant les exercices précédents, *la mesure* devra être expliquée dans cette leçon par les deux seuls moyens suivants : par l'évaluation des notes telles qu'elle se trouve dans les éléments des méthodes, solféges, etc., et par la régularité des coups. Ce dernier moyen est le plus sûr, il ne m'a jamais fait défaut, car lorsque j'ai fait observer à l'élève cette irrégularité il s'est toujours empressé d'y remédier de lui-même ; il est d'autant plus sûr, que la main gauche qui au commencement ne fait que des coups très-simples, suffira pour observer cette mesure, en ayant soin de caser les notes de la main droite, suivant leur évaluation. Ces deux moyens étant simples et sûrs, toute autre manière ne fera que faire vaciller le calcul de l'élève. Nous commençons donc à faire voir que le clavier est un sûr moyen pour faire mieux comprendre les explications élémentaires.

Quatrième leçon. — L'élève qui n'aura pas discontinué la première leçon se mettra à la méthode pour *combiner les deux clefs* sur lesquelles il se sera sans doute exercé ; il cherchera aussi à joindre les notes des deux mains et à les faire marcher en mesure.

Cinquième leçon. —— Après être parvenu à jouer

quelques airs, la théorie de *l'harmonie élémentaire* commencera par la connaissance des choses les plus faciles, comme la tonique, la tierce, la quinte, et enfin tout l'accord parfait majeur et mineur que l'on fera sur tous les degrés de la gamme.

Sixième leçon. — Le but des accords est d'apprendre *leurs renversements* qu'on fera premièrement plaqués sur toute l'étendue du clavier, et secondement brisés; ce dernier exercice est on ne peut plus utile, afin de s'exercer aux mouvements en dedans et en dehors, mais il faut le faire en échappant le doigt, soit sur les touches blanches comme sur les noires; sur ces dernières surtout, il faut *que le doigt frappe avec indépendance.* Le pouce et le cinquième doigt ne seront point exempts d'entrer ici sur les noires, mais en leur faisant attaquer franchement. Par cet exercice l'action des doigts est libre; c'est ce qui recommande de le faire pendant tout le cours du piano.

Septième leçon. — Après l'accord parfait, ceux de quatre notes devront être expliqués; mais comme la théorie qu'on fait ordinairement pour ces accords serait hors de la portée du commençant, on devra se borner à les lui expliquer mécaniquement, pour qu'il les fasse seulement. Le moyen dont je me sers paraît être très-facile pour l'élève, ne consistant qu'à baisser les doigts d'un demi-ton, à partir de

12

l'accord de septième de dominante; ainsi, on n'a qu'à mettre les doigts sur les touches *sol, si, re, fa,* et si de cet accord on baisse la tierce ou seconde note, on a *l'accord de septième de seconde espèce;* si on baisse la tierce et la quinte, celui de *troisième espèce* ou de septième de sensible; et si définitivement on baisse la tierce, la quinte et la septième, on obtient celui de *septième diminuée;* on sait qu'en ajoutant le *la* on a l'accord de *neuvième majeure,* et si le *la* est bémolisé, celui de neuvième mineure; ainsi de suite pour les autres accords. Toute autre théorie est ici superflue, il suffit que l'oreille les entende seulement; il ne s'agit d'ailleurs que de les connaître pour les briser dans les renversements qu'ils auront.

Huitième leçon. — La manière de *frapper* exige de la part du professeur beaucoup d'attention, car on a beau dire à l'élève de concentrer l'action de la force dans le doigt, de ne point laisser contribuer le bras ni le poignet, et de frapper fort, ce sont des choses fort abstraites, même pour beaucoup de pianistes, par la manière intime et naturelle avec laquelle ces trois parties se trouvent liées dans leurs mouvements. La seule ressource qui puisse venir en aide au professeur est de leur faire adopter le guide-main, d'observer les mouvements des doigts, du poignet, les coups du bras contre le guide-main et de bien entendre le bruit du doigt, car lorsqu'il n'agit pas de lui-même, il est posé par le bras ou le poignet avec précaution sur la touche; le coup n'est pas aussi décidé ni aussi spontané.

Neuvième leçon. — Arrivé ici l'élève a acquis déjà de la force et de la liberté dans les doigts, et a pris une grande connaissance du clavier et de la marche des doigts; il ne reste qu'à lui apprendre *les gammes* qu'on pourra aussi lui faire composer, en copiant celle d'*ut* sur tous ses degrés, mais en les faisant succéder par cinq notes qui seront toujours la quinte ou cinquième de la gamme précédente. Le seul moyen pour les bien copier est d'ajouter toujours un dièse à l'avant-dernière note de chaque gamme, jusqu'à celle de *do* dièse ou de *sol* dièse qui sera convertie en bémols dans tous ses dièses. Les gammes bémolisées, bien qu'elles marchent aussi par quintes, perdent le bémol de l'avant-dernière note, au lieu de le perdre comme dièse. Ainsi ces deux simples moyens, pour permettre à l'élève de composer les gammes, ne consistent qu'à se servir : 1° des mêmes notes de la gamme précédente, en ajoutant un dièse à la dernière note; 2° à les convertir en bémols en arrivant à celle de sol dièse, en faisant disparaître à chaque nouvelle gamme le bémol de l'avant-dernière note.

Les *gammes mineures* se succèdent aussi par

quintes; elles reçoivent de même les notes de leur précédente, mais on y ajoute aussi un dièse à l'avant-dernière note. La première est celle de *la*; elle prend les mêmes notes de sa majeure *do*.

Des exercices si utiles, acquis à si peu de frais et qui apprennent en même temps à connaître tous les tons et à raisonner sur ce qu'on joue, en aidant puissamment le calcul mécanique, ne manquent jamais de donner de l'aplomb à l'élève; au contraire, il se croit maître possesseur du mécanisme de l'instrument, il se sent apte à tout et avance d'un pas sûr. Le maître ne saurait donc trop entretenir sur des *principes de théorie;* mais il ne devra le faire que dans les mêmes termes et d'une manière familière, comme, par exemple, a-t-il besoin de lui parler d'un passage? qu'il lui dise si c'est une proposition, une cadence, un arpége ou renversement, tel accord, telle modulation ou transition, etc., et lorsqu'il le jugera à propos, lui faire des explications faciles d'harmonie, et de cette manière il ne fera pas, il est vrai, comme la méthode instrumentale, quatre fois plus de progrès que la méthode usuelle, mais nul doute qu'il obtiendra de l'art des ressources qui n'ont dû être accordées à aucune autre tentative.

Dixième leçon. — Le maître fera lire le morceau de deux mains, en appliquant totalement *la vue au cahier* et suivant bien les sons ; puis il reprendra le même morceau pour le travailler par phrases, par mesures, par intervalles, par doigts ; et enfin dans tous ses détails d'exécution du phrasé et de l'expression. De bonne heure le maître doit commencer à faire jouer à son élève quelque morceau avec tout son fini et toute la perfection possible ; car à ce moment l'âme ayant goûté le nectar suave de l'inspiration, grandit et marche dans le sens de l'art. Comme il faudrait beaucoup de temps pour apprendre tous les morceaux de cette manière et que l'élève perd le goût de l'étude s'il vient à se captiver trop à ces airs, on n'en apprendra ainsi que de temps en temps, pour ne pas retarder aussi la lecture.

Onzième leçon. — Pour terminer ce programme nous renfermerons dans cette dernière leçon tout ce qui doit servir au mécanisme : entraves, embarras, incidents, petits inconvénients ; tout devra être remarqué à l'élève par le maître intelligent et consciencieux.

CONCLUSION.

RÉSUMÉ DES PRINCIPALES MATIÈRES.

La briéveté que nous avons apportée sur plusieurs points de notre ouvrage nous fait sentir la
nécessité de les appuyer de quelques conclusions,
afin de mieux les mettre à la portée de tous les
pianistes et de réduire en forme de préceptes les
principales matières, afin de les mieux graver dans
la mémoire des commençants.

Du choix des doigts dépend un bon doigter. La
force, l'adresse, leurs positions, l'inégalité de leur
longueur, leurs écartements, leur manière de
frapper, les repos, le degré de vitesse des traits,
feront l'objet de ce choix.

Tous les doigts à leur tour sont faibles, courts
ou gênés, et peuvent manquer autant des touches
que leur emploi est vicieux ; c'est cette raison qui
ôte au quatrième doigt cette spécialité qu'on a cru

devoir lui donner, et qui en même temps faisait sentir la nécessité d'une théorie sur le doigter.

S'il est avantageux pour le calcul de passer à tout instant le *pouce* par dessous, son jeu alors étant gêné demande de l'attention pour ne pas manquer la touche.

Cette attention est détournée par les notes voisines lorsqu'on ne peut les faire facilement.

La force qu'il tire souvent du poignet dans sa maladresse pour frapper rend les passages inégaux.

Les inconvénients qui résultent pour les autres doigts quand il est sur les dièses, se corrigent en leur faisant frapper fort.

Son entrée en dedans n'est pas brusque lorsqu'il est emmené progressivement.

Les positions que ce doigt attaque se prolongent davantage; mais comme il disjoint les notes quand il entre sur les dièses, un peu plus d'exercice rendra l'égalité au trait.

La faculté qu'a le pouce de passer par dessous permet à l'*index* de passer par dessus pour s'étendre largement des deux côtés.

Il est loin des touches blanches lorsque le troisième est sur les noires, mais en tapant fort on ramène l'attention qui parvient à unir parfaitement les notes.

La même chose arrive à tous les doigts, lorsqu'au lieu de frapper sur des touches au même niveau ils sont obligés de se lever ou se baisser davantage.

La difficulté que nous avons à sortir et rentrer les doigts pour frapper la touche, lorsque la main est en dedans, fait prendre au *troisième* deux touches à la fois quand il est gros et qu'il veut frapper sur la tige, ou près.

Quoiqu'il puisse faire des octaves sur les dièses avec le pouce, il fait faire au poignet un tour pénible et désagréable; sur les blanches il jette en dehors du clavier le quatrième et le cinquième.

Le *quatrième* ne manque pas d'élévation quand ses deux voisins ne sont pas collés : en manquerait-il que le poignet lui en donnerait aisément.

Toutes les fois qu'il y a embarras, l'action du poignet ou du bras est provoquée; or, si l'inégalité de la force des doigts embarrasse plus le calcul que leur véritable faiblesse, il doit s'ensuivre que trop de force donnée par les appareils au quatrième diminuerait comparativement celle du cinquième, et provoquerait pour lui cette action qui serait après facilement empruntée par les autres doigts.

Malgré tous les vices qu'on a attribués à sa conformation, ce doigt a été toujours d'un fréquent usage. C'est celui qui attaque le mieux les positions, surtout sur les dièses où sa longueur pro-

portionnée à tous les autres doigts l'y amène naturellement, sans mouvement aucun.

En faisant des octaves du pouce et de ce doigt,
on évite les mouvements en dedans et en dehors,
qui, dans cette occasion, deviennent extrêmement
difficiles.

Il ne faut pas qu'il succède au pouce, car la
crainte de manquer la touche nous y fait laisser constamment les doigts afin de conduire le suivant, et,
dans cette occasion, le quatrième fait un tour pénible qui le traîne sur les dièses que souvent il
baisse sans besoin.

En voyant seulement la longueur et la grosseur
du *cinquième doigt*, on est vite convaincu de sa
faiblesse; et peut-être eut-il besoin de tous les efforts
qu'on a dirigés au quatrième : telle est ma pensée
lorsque je vois dans les mouvements en dedans
combien il lui est difficile de se garantir de l'action
du bras ou du poignet, ou il faudrait faire deux
mouvemeuts, un du bras et un autre du doigt, ce
qui ne se fait pas facilement, attendu l'arrêt que
cela demande. Une preuve que cette partie n'a pas
coopéré sera le coup fort et indépendant du doigt.

Si on examine la position de la main lorsqu'on
fait des octaves du *poignet*, on remarque les doigts
longs se traînant sur toutes les noires et les bais-
sant parfois sans nécessité, ce qui n'arrive point

au bras; la raison en est, que le poignet faisant
plus d'élévation pour frapper ne peut retenir ses
doigts en l'air, tandis que le bras profitant de son
propre poids pour remplacer la force que donne
l'élévation, n'en fait point et retient alors ses doigts
en l'air, ce qui est immédiatement compris par
l'élève qui préfère dans ce cas le bras; aussi il
n'est pas étonnant de voir presque tous les pianistes les faire de cette partie, malgré le peu de
souplesse qu'elle a et la force qu'elle dépense au
détriment de celle des doigts qui par moment ne
peuvent presque pas agir lorsqu'on vient de faire
de ces exercices.

Le *bras* ne servira que pour porter la main aux
distances, il devra toujours être fixe au guide-
main sans y serrer trop pour que son jeu ne soit
pas gêné.

La faiblesse des doigts n'existe réellement que
lorsqu'ils ne se servent pas de leur force. N'ayant
donc besoin d'aucune autre partie pour baisser la
touche, ils devront être portés par le bras sur la
touche éloignée, mais arrivés là, un arrêt mental
devient nécessaire pour les faire *frapper d'eux-
mêmes;* sans cette condition, au lieu de deux mouvements un seul s'opérera, celui du bras qui alors
fait tout et leur ôte l'action.

Si les plus grandes difficultés sont dans le bras,

le poignet et les distances, que deviennent alors
les *appareils* qui n'ont pas même songé à ces
parties ?

Bien que *l'écartement* gêne un peu au commencement le doigt écarté, la crainte de faire faux
dans les distances provoquant l'action du bras le
rend nécessaire, outre l'avantage qu'il donne de
diminuer les positions en évitant la mobilité continuelle des doigts, ainsi que leurs continuels changements.

Plus la somme de volonté concentrée dans les
doigts sera grande, plus grand sera le degré de
développement de leur force; il est donc indispensable de frapper fort afin de fortifier au plus tôt
leur faiblesse.

Toutes les notes qui pourront être faites, soit
en écartant ou contractant les doigts, mais sans
reculer ni avancer la paume de la main sans un
doigt conducteur, seront comprises dans une seule
position afin de faciliter le moyen de distribuer le
doigter.

Tous les doigts ne pouvant pas aller sur toutes
les touches, et certains traits ne permettant pas de
changer de position sans disloquer le chant, ces
changements n'auront lieu dans les passages rapides qu'après le repos. Les doigts faibles ne les
attaquent pas aussi bien que les forts.

La crainte d'égarer les doigts rend nécessaire la *substitution* qui avant de quitter le doigt de la touche, la transmet à un autre afin de diriger la main du côté qu'elle doit se porter. Ce moyen, comme celui de l'écartement, donne au commencement, il est vrai, un jeu lourd, qui disparaît pourtant à la fin.

Aucun doigt ne substitue aussi bien que le pouce en passant par dessous.

Il est difficile de substitner sur les touches noires à cause du peu de largeur qu'elles ont pour laisser entrer le nouveau doigt sans risquer de faire tomber tous les deux sur les touches voisines.

Les doigts peuvent jouer longtemps sans se fatiguer, mais aussitôt qu'on veut les faire aller plus vite que ne permet la force qu'ils ont acquise, des efforts s'ensuivent jusqu'à épuiser leur force, ce qui a donné lieu aux remplacements des doigts dans les *répétitions* des touches ainsi que dans les trilles.

Ne cherchons pas seulement la cause des *notes tombées* dans les différentes ou pénibles manières de frapper, soit plus haut, soit plus bas, en dedans, en dehors ou sur la tige; ni dans tous les petits soins, détails minutieux et autres inconvénients qu'oppose un seul doigt dans autant de manières qu'il se reproduit; ni dans les incessantes

complications et ces incalculables combinaisons du
jeu des doigts, plus dignes de l'esprit de l'enfance
que de la gravité et l'humeur de l'âge mûr de
trente-cinq ans, mais bien encore dans l'impression des efforts concentrés vers un doigt gêné qui,
absorbant toute l'attention, laisse au dépourvu
celui qui vient après, lequel est encore arrêté par
un troisième doigt pressé par une mesure rapide
au moment où le deuxième doigt devait tomber,
ce qui détermine la disparition totale ou partielle
de la note que fait ce dernier lorsqu'il est gêné
aussi.

Voulez-vous, jeunes élèves, savoir quelle est la
plus grande difficulté qui peut ébranler souvent
votre courage et votre persévérance : c'est la *dis-*
tance ! C'est le bras qui la fait, après avoir reçu la
juste et exacte impulsion pour se porter à la touche.
Vous ne pouvez faire autre chose pour la vaincre
que de demander instamment au travail, à l'étude,
de vous en alléger le poids, car dans les appareils
qui promettent tant, vous ne trouverez pas assurément un meilleur résultat. Rien ne peut y suppléer
que la patience, le goût de l'art, un tact fin et une
heureuse mémoire. Pour la bien apprécier, comme
pour le besoin du cahier, la vue doit être écartée
du clavier.

Lorsque l'attention sera partagée entre les deux

mains, on ne les appréciera pas aussi justement qu'on les apprécierait d'une seule main; mais par un doigter exempt des embarras précités on pourra obvier à cela.

Lorsque la main s'éloigne en passant par devant le corps, les doigts ne s'étendent pas aussi bien et les mêmes distances deviennent plus difficiles.

Il faut qu'elle soit appréciée avec exactitude, car lorsque le doigt ne tombe pas justement au milieu de la touche, l'élasticité de la chair le fait tomber sur la voisine.

C'est d'un grand secours pour le *calcul des doigts* qu'ils marchent par collections, par imitations ou dessins des groupes, et qu'ils se produisent par périodes ou ressemblances des phrases en examinant pourtant toujours la position de chaque doigt. Ils devront marcher autant que possible par ordre, car rien n'est plus compliqué que de l'interrompre en les combinant en tous sens.

Ayez la main fermée, et vous remarquerez la flexion qu'ont le cinquième et quatrième doigt vers le pouce, et par conséquent la facilité qu'ils ont de passer l'un sous l'autre ainsi que le quatrième sous le troisième.

L'expression consiste dans la loi des vibrations : lorsqu'elles augmentent de vitesse, l'intensité du son augmente aussi.

Le genre sublime, qui n'est que l'accentuation vague des notes selon nos inspirations, ne suit pas cette loi.

L'exécution doit être consciencieuse.

Les airs faciles ne peuvent nullement pervertir le goût de l'élève en le meublant de trivialités (comme le prétendent certains auteurs), si le maître au lieu de lui donner le temps de s'y attacher ne l'y laisse que pour les travailler doigt par doigt et dans tous ses détails qui ne manquent pas certes au commencement ; alors ces airs ont au contraire l'avantage de ne pas gâter le mécanisme par ces moyens forcés qu'on emploie dans la musique relevée, où l'élève galope en boitant avec peine.

Après tous ces détails qui à notre insu occasionnaient des chutes continuelles de notes, il sera facile d'éviter la difficulté ou d'y diriger des efforts efficaces.

Nos exemples notés, une fois compris par l'élève, tiendront place de théorie pour lui.

Tels ont été nos pénibles efforts pendant longtemps ; pénibles d'abord pour un professeur obligé de vaquer à ses leçons, et plus pénibles encore par les difficultés de la langue qu'il nous a fallu presque former. Puissions-nous maintenant avoir atteint le but que nous nous sommes proposé, et mériter, de la part des pianistes, cette reconnaissance due aux conseils que nous leur avons donnés; cette reconnaissance, je le vois, ne pourra pas être générale, attendu qu'il nous a été impossible de concilier tous les intérêts; mais comme les meilleures intentions de l'homme, dans la marche des choses, n'ont jamais toute la perfection, afin de prouver l'imperfection humaine, nous serons au moins heureux d'avoir été utiles à l'art. Telle a été notre seule intention, comme le prouve le plan de notre ouvrage; car nous avions fait, au commencement, comme cela se pratique chez les autres auteurs; comme eux nous avions prolongé les exemples jusqu'à trente et quarante mesures, les explications étaient éparses et amplifiées, nous n'avons laissé à chaque exemple que la mesure dont il est question; nos explications aussi, étant alors réunies, n'ont fait que cette brochure, qui contient pourtant plus de matière raisonnée que toutes les Méthodes qui existent.

FIN.

TABLE

CHAPITRE IV.

CHAPITRE V.

CHAPITRE VI.

FIN DE LA TABLE.

IMPRIMERIE DE CLAYE, TAILLEFER ET Cᵉ, 7 RUE SAINT-BENOÎT.

ERRATA.

Page 16, ligne 24, au lieu de *expliquer*, lisez : appliquer.

— 89, — 25, au lieu de *fig.* 48, lisez : *fig.* 41.

— 96, — 3, au lieu de 9 , lisez : 49.

— 102, — 15, au lieu de *sol*, lisez : *sol dièse*.

— 106, — 2, au lieu de *mi*, lisez : *mi bécarre*.

— 106, — 3, au lieu de *do*, lisez : *do* deuxième.

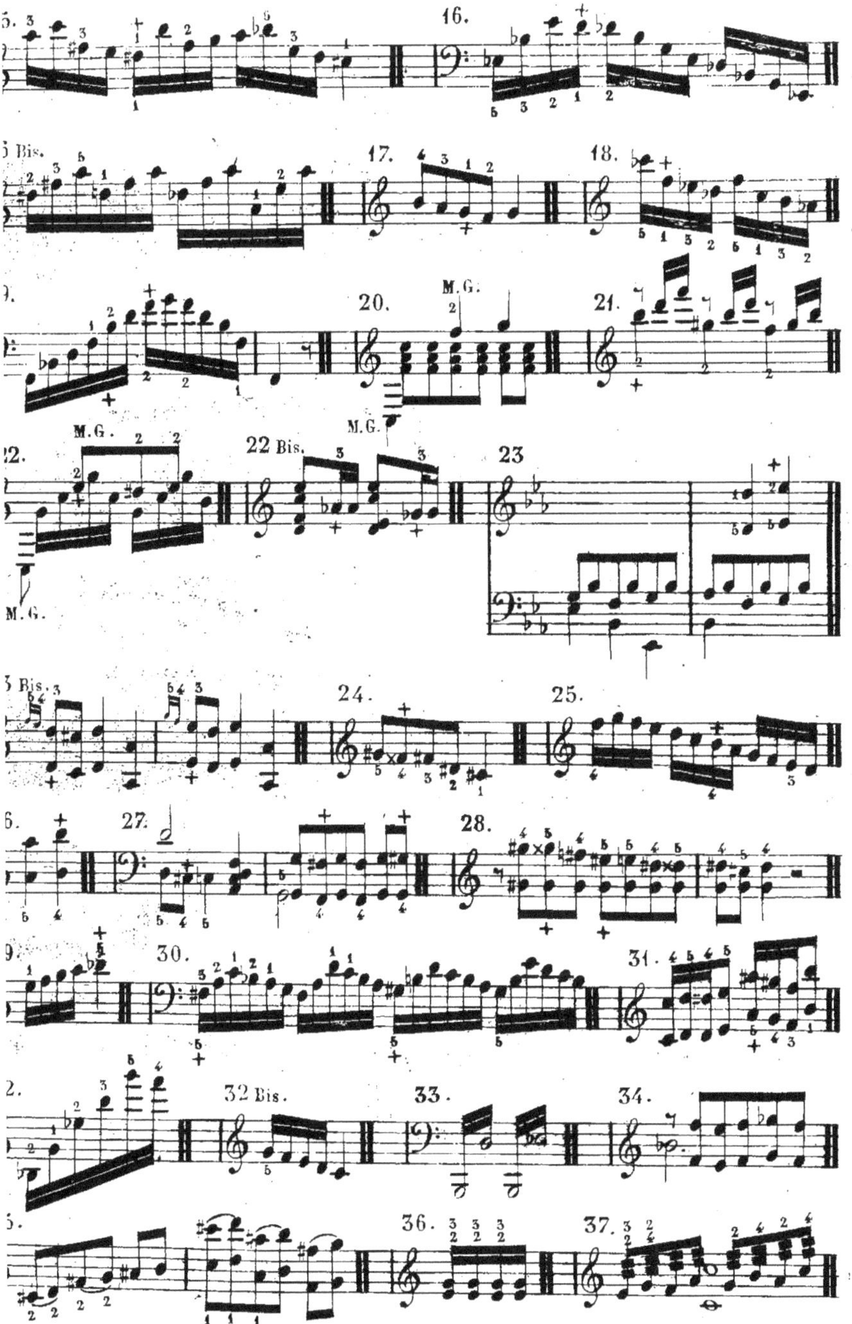
16.
17.
18.
20.
M.G.
21.
22.
M.G.
22 Bis.
23
24.
25.
27.
28.
30.
31.
32 Bis.
33.
34.
36.
37.

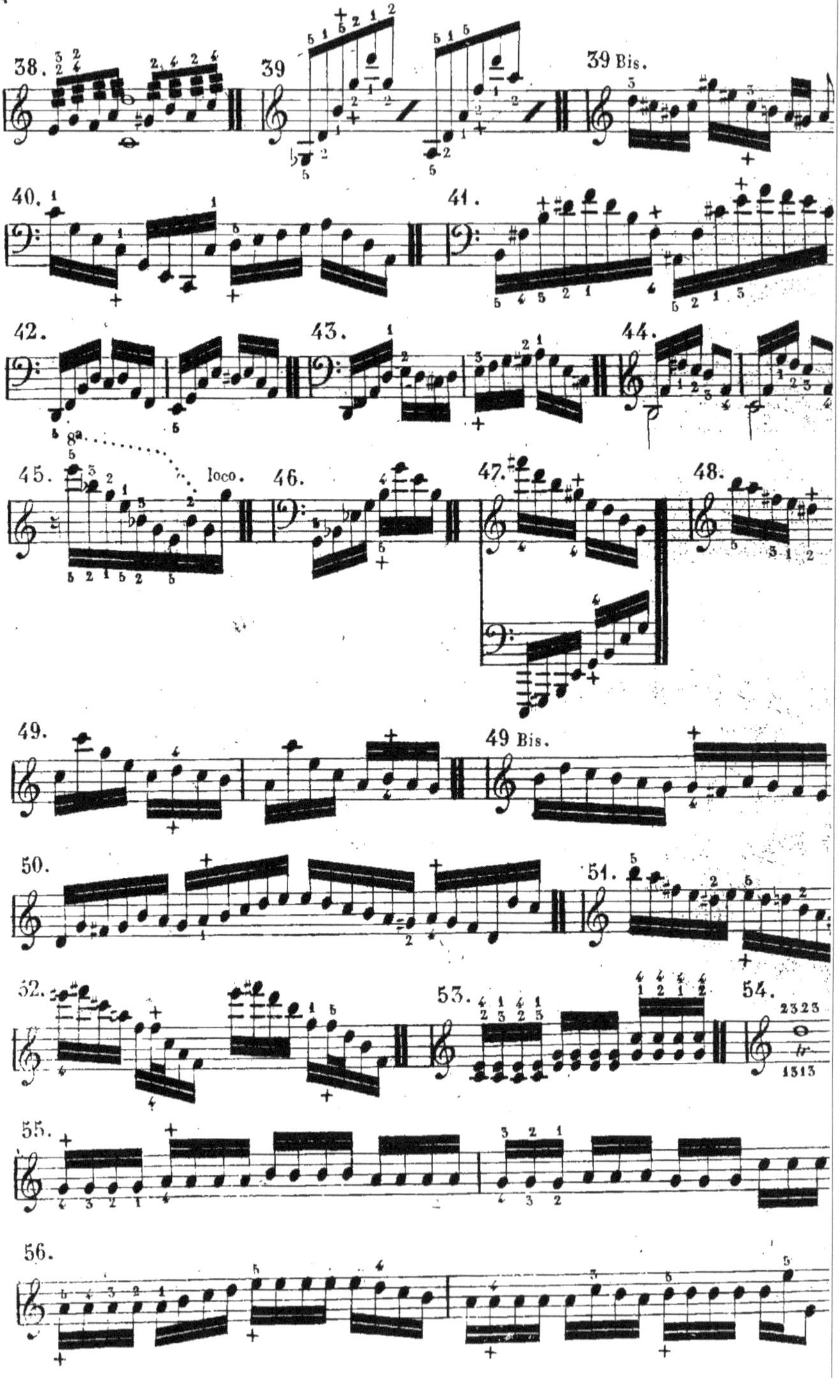
38.
39
39 Bis.
40.
41.
42.
43.
44.
8a
45.
loco.
46.
47.
48.
49.
49 Bis.
50.
51.
52.
53.
54.
55.
56.

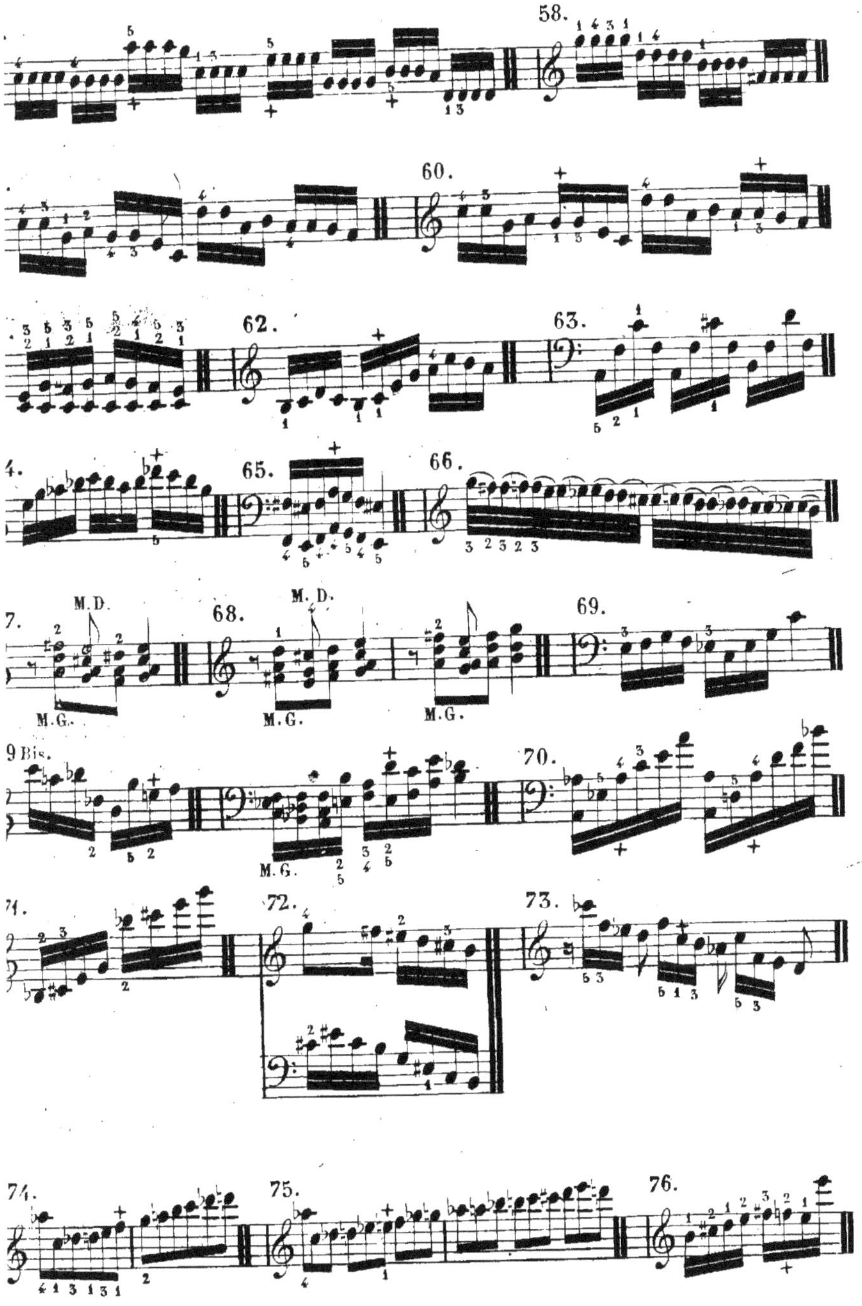
58.
60.
62.
63.
65.
66.
M.D.
M.G.
68.
M.D.
M.G.
M.G.
69.
9 Bis.
M.G.
70.
72.
73.
74.
75.
76.

Andante.
77.
78.
79.
80.
dim.
81.
dim.
rinf.
82.
83.
84.
85.
86.
87.
rall.
88.
accelerando.
89.
90.
91.
rita:
dimin.
92.
scherzando.
93.
rall.
94.

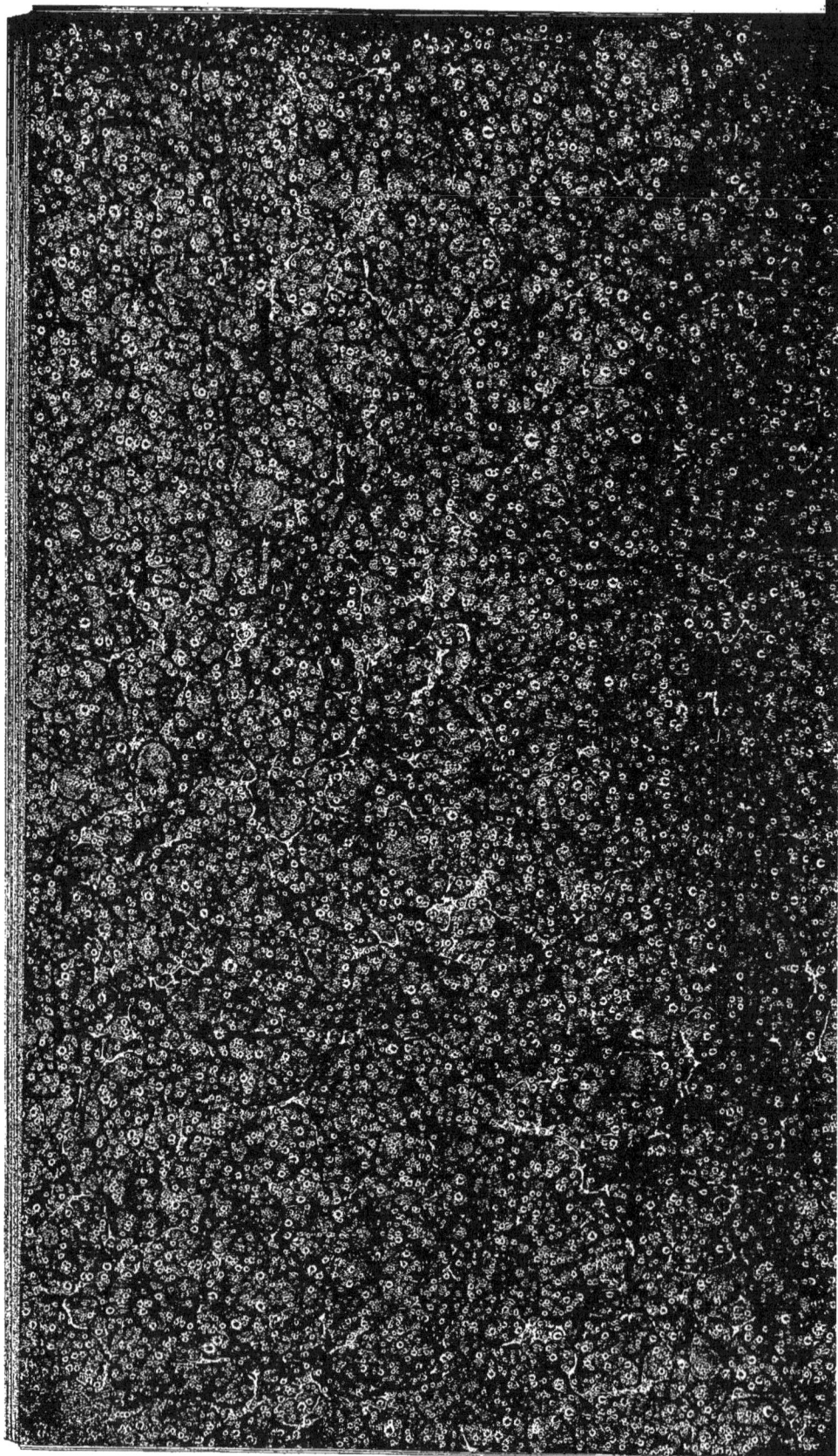

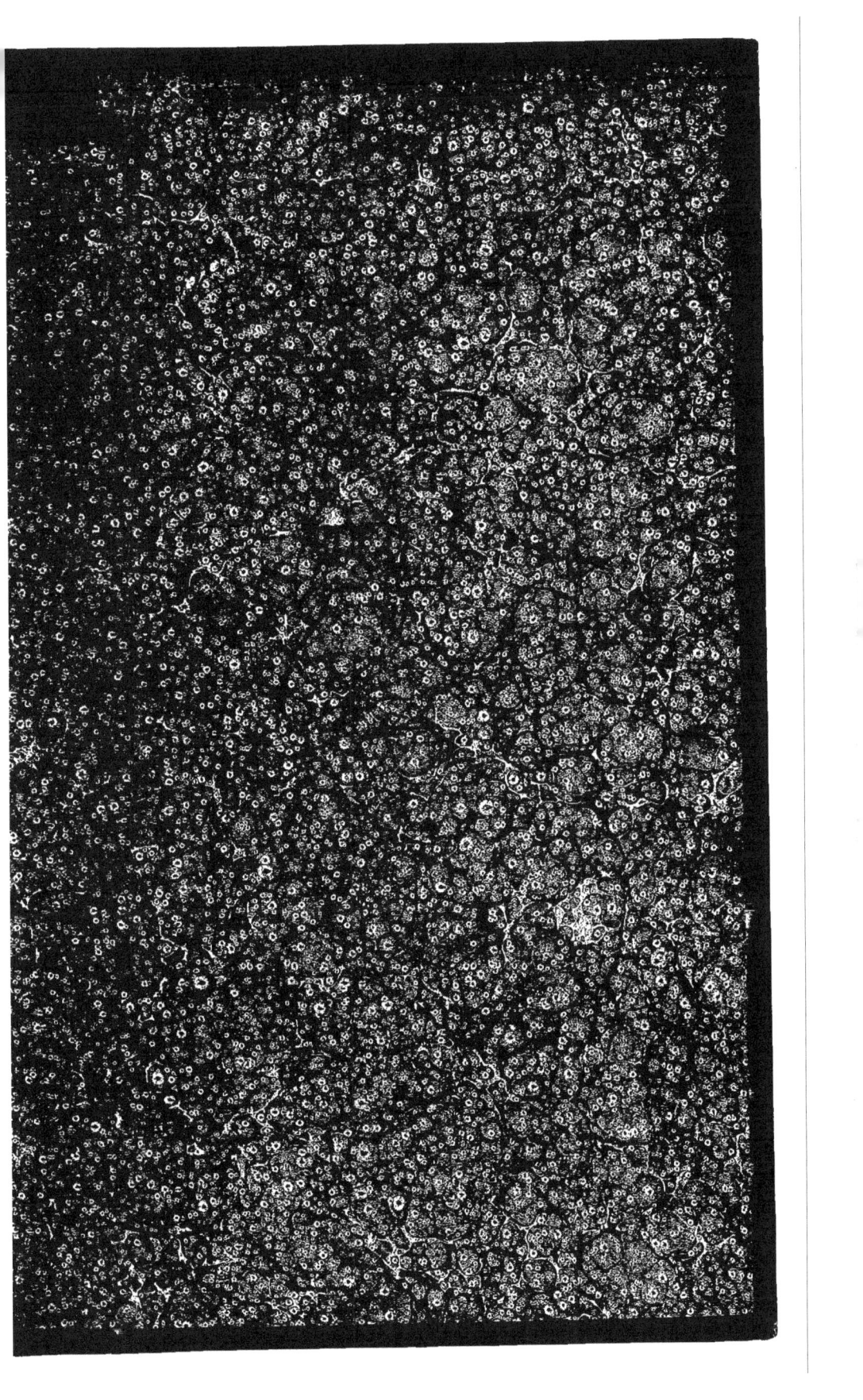

www.ingramcontent.com/pod-product-compliance
Lightning Source LLC
Chambersburg PA
CBHW060029100426
42740CB00010B/1661